차트의 유혹

차트의 유혹

주식 투자에 대한 지각심리학적 이해

오성주 지음

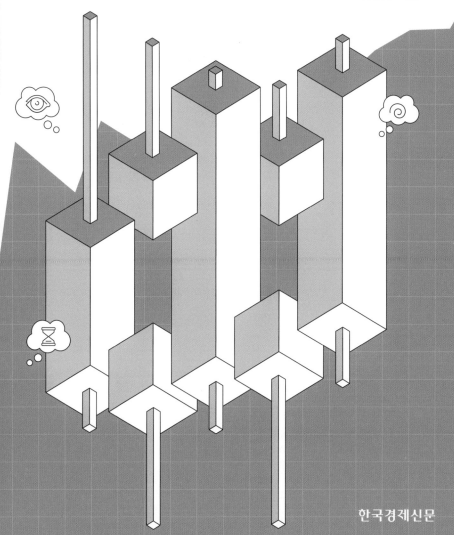

한국경제신문

주식 투자를 할 때 우리에게 일어나는 일들

투자의 시대가 왔다. 국내 주식 계좌는 코로나19 발생 전에 비해 두 배 이상 늘었다. 해외 주식 계좌와 가상화폐 투자 계좌까지 더하면 훨씬 많을 것이다. 부동산 가격의 폭등과 주식 투자 성공 사례의 증가 등으로 가만히 있으면 손해 본다는 인식이 퍼져나간 것과 더불어 낮은 금리, 비대면 계좌 개설, 스마트폰으로 인한 투자 편의성 증대 같은 투자 환경의 변화가 투자를 부추겼을 것이다. 그러나 투자의 세계는 예측이 매우 어렵고, 살아남기 위해서는 새로운 훈련이 필요하다. 충분한 준비 없이 조급한 마음으로 투자 세계에 뛰어드는 것은 큰 실패로 이어지기 마련이다.

대표적으로 20~30대 남성 투자자들은 2020년 3월 코로나 19로 주가가 폭락을 하고 V자 폭등을 하던 시장에서도 손실을 본 것으로 알려졌다. 표면적인 원인은 잦은 매매 때문이었다. 아마도 다른 연령대의 초보 투자자들도 이들과 크게 다르지 않을 것이다. 더욱이 지금처럼 지수가 정체 상태인 상황에서는 손실로 고생하고 있는 투자자들이 훨씬 많을 것이다. 미래의 몸이 편하자고 시작한 일인데 현재의 몸이 고생하게 된 것이다. 더 큰 문제는 투자는 중독성이 매우 강해 한번 발을 들이면 끊기 어렵다는 점이다. 상황이 이런데도, 투자의 위험성에 관한 이야기는 거의 들리지 않는다.

현재 한국뿐만 아니라 전 세계적으로 단기투자가 새로운 패러다임으로 자리 잡았다. 여기에는 빨라진 산업의 변화, 매매 주문을 처리하고 투자 정보를 제공하는 전산시스템과 인터넷 등 제반 요소의 발전, 그리고 스마트폰을 비롯한 IT 기기 사용의 증가에 따른 생활 습관의 변화가 영향을 끼쳤을 것이다. 단기투자는 가상화폐 시장에서 더욱 활발한데, 가상화폐 시장은 하루 거래대금에서 이미 주식시장을 크게 앞질렀다. 단기투자에서는 순발력이 중요하다. 투자가 지능 게임을 넘어 일종의 스포츠가 된 것 같기도 하다.

장기투자와 비교했을 때, 단기투자에서 투자자들은 회사의 가치나 미래 전망, 경제와 금융 흐름의 의미보다는 단기간의 주가 추세에 더 의존한다. 가상화폐 투자의 경우에는 더욱 그러하다. 단기투자에서는 차트가 절대적인 역할을 한다. 차트는 추세를 직관적으로 보여주지만 투자자들의 매매를 부추기는 면도 있다. 주가 차트 자체가 주가를 움직일 수 있는 것이다. 하루 동안의 순수 거래대금은 10억 원도 안 되는데 전체 거래 대금은 1,000억 원이 넘는 주식이 허다하고, 주가의 급등과 급락 폭이 10%가 넘는 종목도 수십 개에 이른다. 이것은 주가가 경제 현상이 아닌 심리 현상이 되었음을 말한다.

이 책에서는 단기투자에 초점을 맞춰, 지각심리학적 관점으로 주식매매 행동을 살펴보고자 한다. 지각심리학은 시각과 청각 같은 감각기관으로 전달된 정보를 파악하고 적절한 동작을 취하는 일련의 과정을 연구하는 분야다. 간단히 말해, 실세계에서 인간이 살아가면서 적응하기 위해 획득한 지각 기술들이 있다. 그런데 이 기술들을 주가를 해석하고 예측하는 데 자동적으로 사용해서 투자 실패가 일어날 수 있음을 지적한다. 좀 더 구체적으로, 실세계를 눈으로 보고 해석하는 시각 기술, (스마트폰과 컴퓨터 같은) 디지털 생활이 가져온 멀티태스킹에 따른 주의 기술, 고도로 학습된 동작 기술, 그리고 바쁜 일상에 적용된 시간 사용 기술이 있다. 이 기술들이 주식 투자 과정에서 어떻게 적용되는지 살펴보고, 실세계를 살아가며 습득한 이러한 지각과 동작 기술들이 주식의 세계에는 맞지 않음을 지적한다.

단기투자에서 위험은 대체로 차트의 급등락에서 비롯된다. 주가 차트가 오르면 개인투자자들은 참지 못하고 벌떼 같이 달려들어 주식을 사고 만다. 이 행태는 우리나라에 처음 주식 거래가 있었던 일제 강점기 때부터 해방 뒤 증권사 객장 시절에 이르기까지, 수도 없이 등장한 문제였다. 그런데 아직도 같은 일이 매일 반복되고 있다. 과거에는 작전 세력들이 수개월 동안 치밀하게 준비해서, 주가 조작으로 급등과 급락을 만들었지만, 지금은 며칠 또는 몇 시간, 그것도 세력만이 아니고 이를 추종하는 불특정 다수에 의해 주가의 급등락이 일어난다.

급등락하는 주식을 매매하는 것과 관련한 투자 행동들은 대부분 아직 잘 설명되지 않고 있다. 행동경제학과 행동금융학 등에서는 개인투자자들이 주식 투자에 맞지 않는 많은 인지적 오류와 편향을 가지고 있음을 지적해왔지만, 이런 설명들은 실험실에서 참여자들에게 확률 문제 또는 통계적인 의사결정 문제를 낸 뒤 나온 선택을 분석하여 도출된 결과들이다. 주가 차트를 보고 매매하는 단기투자 상황에는 잘 맞지 않는다. 확률 판단과 통계적인 의사결정의 처리 과정이 주식 차트의 시각적 매력 또는 공포에 압도당하기 때문이다.

이 책의 또 다른 목적은 주식 투자를 심리학 연구의 대상으로 살펴보는 것이다. 현재 어찌 된 일인지 이상하리만큼 주식에 관한 심리학 연구를 찾기 어렵다. 경영학이나 경제학에서 나온 논문은 많은 것과 대조적이다. 경영학자나 경제학자는 투자와 같은 경제 활동을 집단의 관점에서 본다. 그래서 주로 방대한 투자 자료를 분석하여 결론 내기를 좋아한다. 반면, 심리학자는 전통적으로 사람의 행동을 개인의 관점에서 본다. 따라서 실험을 통해 특정 행동의 인과관계를 찾기를 좋아한다. 아쉽게도, 이 책에서는 주식에 관한 새로운 실험을 소개하기보다는 이미 나와 있는 심리학 이론들을 이용해 투자자의 행동을 설명하고자 노력했다. 이 책을 통해, 투자를 하게 된 개인들이 스스로 이해하지 못하는 자신의 매매 행동에 대해서 조금이라도 궁금증이 풀리기를 기대한다.

책을 내는 것은 저자만의 활동이 아닌 여러 사람이 만들어내는 창조적 현상이다. 나와 한 팀이 되어 좋은 책을 만들어준 김종오 편집자님과 정현옥 디자이너님께 감사드린다. 투자의 현실에 대해서 귀중한 조언을 해준 친구 이익재에게도 감사의 말을 전하고 싶다. 나는 주식 경험이 매우 짧고 성공적인 투자자와도 거리가 멀다. 더욱이 그 와중에 금융 사기를 당할 정도로 세상 물정을 전혀 모르고 살던 사람이다. 주식 투자에 대한 새로운 관점을 피력할 기회를 준 한국경제신문 한경BP 유근석 대표님께 감사드린다.

2021년 12월

오성주

차트의 유혹 차례

1장

실세계와 주식 세계를
보는 눈은 다르다

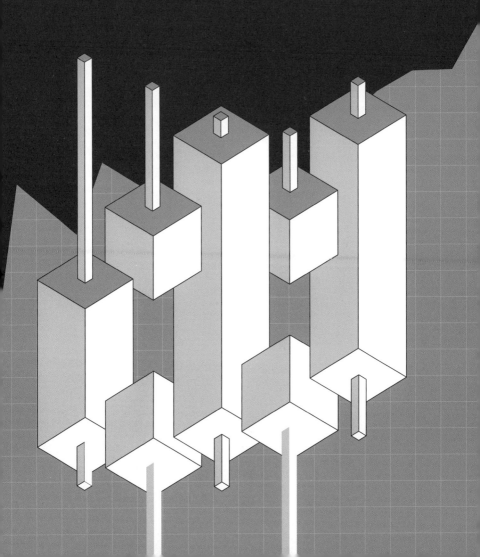

주식은 실세계와
주식 세계를 혼동하는
사람이 돈을 빼앗기는 일이다.

주식의 가격은 숫자와 차트로 표시된다. 그리고 투자자들은 숫자와 차트를 눈으로 본다. 그런데 사람들은 주식을 하면서 주가를 보는 눈에 대해서는 한 번도 의심하지 않는다. 눈은 언제나 믿음을 주기 때문이다. 하지만 눈은 단순히 정보를 탐시하는 수동적인 장치가 아니라, 뇌와 함께 시각 시스템을 구성해 '보는 행위'를 만들어내는 장치다. 또한 시각 시스템은 다른 동작, 감정, 판단 시스템 등과 밀접히 연결되어 있다. 따라서 보는 것은 여러 시스템이 만들어내는 창발(emergence) 현상이며 능동적인 행위다. 주식을 말하는데 시각 이야기라니, 아주 엉뚱하게 들릴지 모른다. 그렇지만 시각에 대해 공부해보면 주식매매에 대해 다시 생각해볼 짐들이 많다.

실세계의 시각 메커니즘은 어떻게 작동할까?

우주에서 보면 지구는 표면이 매끄러운 완전한 원에 가깝다. 그리고 예측 가능한 경로를 따라 자전과 공전을 한다. 그러나 인간이 사는 곳은 우주에서 보듯 완벽한 모양의 지구가 아니다. 인간은 땅 위에 산다. 땅은 울퉁불퉁하고, 흙, 돌멩이, 바위, 나무, 빌딩, 강, 언덕, 산 등이 규칙 없이 여기저기 놓여 있다. 또한 물체들은 서로 다른 방향으로, 다른 속도로 움직인다. 그런데 어찌된 일인지 우리는 실세계에 사는 데 전혀 불편함이 없고 세상이 늘 안정된 것처럼 보인다! 이것은 엄청나게 놀라운 일임에도 우리는 그 사실을 전혀 깨닫지 못한다.

여기에 거대한 망각이 있다. 눈과 뇌로 이뤄진 시각 시스템은 인간이 땅 위에 살아가는 데 적합하도록 오랜 세월 진화해왔으며, 태어나면서부터 엄청난 시각 학습을 해왔다는 것을 까마득하게 잊은 것이다. 그 이유는 보는 행위가 아무런 노력 없이 그리고 거의 실수 없이 너무나 빠르게 일어나기 때문이다. 현대의 가장 진보된 인공지능 시각도 인간이 지닌 시각 능력의 초보적 수준이라는 점은 인간의 시각 시스템이 얼마나 진보된 것인지를 보여준다.

구름이 햇빛을 가릴 때와 가리지 않을 때 밖에 놓인 물체들의 물리적 밝기는 다르다. 그런데 어찌된 일인지 흰색 자동차는 구름이 태양을 가릴 때나 가리지 않을 때 언제나 흰색으로 보인다. 자동차 표면에 반사되는 햇빛의 물리적인 밝기는 엄청난 차이가 있음에도 말이다. 시각 시스템은 물체의 색을 늘 안정되게 지각하는 기술이 있는 것이다. 만일 이런 기술이 없

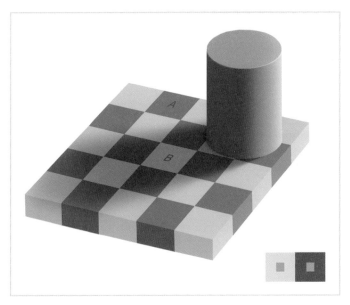

[그림 1-1] 애덜슨 착시와 동시 밝기 대비.*

다면 친구의 얼굴이 햇빛 아래서는 하얗게 보이고 그늘에서는
검게 보일 것이다. 그런데 이 기술 때문에 착시를 경험할 수도
있다. [그림 1-1]은 MIT의 에드워드 애덜슨(Edward Adelson)
교수가 고안한 착시다. 이 그림에서 체크보드의 A면과 B면의
물리적 밝기는 동일하다(종이로 주변을 가리고 비교해보라). 하지만
우리 시각 시스템은 그림자의 어두운 정도를 감안해 B면을 더
밝다고 판단한다. 사실 이 착시는 그림 오른쪽에 보이는 동시

● http://persci.mit.edu/gallery/checkershadow.

밝기 대비 착시를 좀 더 멋지게 표현한 것일 뿐이다. 이 착시
는 19세기 말 독일의 시인 괴테가 고안한 것으로 알려져 있다.
한 가지 주목할 점은 착시임을 알고 있어도 착시를 보지 않을
수 없다는 것이다. 우리 시각 시스템이 자동화되어 있기 때문
이다. 여기에서 최소한 두 가지 자기(self)가 있다는 것을 깨달
을 수 있다. 착시를 보는 자동화된 자기와 착시라는 것을 아는
의식적인 자기 말이다. 자동화된 자기는 의식적인 자기와 친
하게 지내기도 하지만 때로는 갈등을 겪기도 한다. 주식에서
자기도 모르게 매매를 하게 되는 뇌동매매가 갈등의 좋은 예
다(이에 대해서는 6장에서 자세히 논의한다).

　시각 시스템은 물체의 밝기를 주변 물체의 밝기와 비교해
서 판단한다. 애덜슨 착시에서 A 지점 주변은 환하기 때문에
어둡게 보이고, B 지점은 주변이 어둡기 때문에 밝게 보인다.
흥미롭게도 우리나라의 옛 화가들은 밝기 대비 기술을 그림에
자주 이용했다. 특히, 달을 그릴 때 이 기법이 도드라지는데,
달의 밝음을 표현하기 위해 달 주변을 어둡게 그린 것이다.

　[그림 1-2]는 김홍도가 50대 초반에 그린 소림명월도(疏林
明月圖)다. 소림명월은 성긴 숲에 뜬 밝은 달이라는 의미로, 가
난으로 힘든 노년을 보내는 자신을 문 밖으로 보이는 달의 처
연함에 빗대어 그린 것처럼 보인다. 달의 밝음을 표현하려고
달 주변을 먹으로 어둡게 칠하는 것을 홍운탁월(烘雲托月) 기법

[그림 1-2] 김홍도의 소림명월도(1796, 호암미술관 소장).

이라 하는데, 우리나라의 옛 그림이나 도자기에서 흔하게 찾아볼 수 있다. 주로 달을 밝은 물감으로 채색해 표현한 중국이나 일본의 그림과는 대조적이다.

　밝기나 색을 안정되게 지각하는 능력은 인간의 시각 시스템이 지닌, 수없이 빼어난 기술 가운데 하나에 지나지 않는다. 인간의 감각은 형태, 물체, 깊이, 3차원, 움직임, 얼굴, 범주화, 사건, 시간 등 시각에 관련된 감각이 있고, 또 청각, 후각, 미각, 체감각이 있다. 여기에 위와 장 등 신체 내부에서 오는 감각과 자세와 균형에 중요한 근육, 힘줄, 귓속의 전정기관에서 오는 감각이 있다. 이러한 감각들을 기반으로 자극의 의미를 파악하는 일을 지각(知覺, perception)이라 하고, 이를 연구하는 학문을 '지각심리학'이라 한다.

앞서 밝기 착시에서 봤듯이 지각 시스템은 비교를 좋아한다. 그런데 비교는 지각 수준에만 있는 게 아니라 인지 수준에서도 존재한다. 예를 들어, 우리는 자신을 남과 비교하는 게 습관화되어 있다. 외모, 집, 자동차, 직업 등 모든 것을 비교한다. 이 때문에 심한 스트레스를 받기도 한다. 영국의 공중보건의이자 전염병학의 권위자인 마이클 마멋(Michael Marmot)이 지적했듯이, 인간의 건강은 그가 속한 국가의 절대적인 부가 아니라 그가 속한 사회에서 어떤 위치에 있느냐가 더 중요하다. 미국 할렘가에 거주하는 흑인의 평균 수명은 인도인의 평균 수명보다 더 짧다. 즉, 건강은 절대적인 부가 아닌 상대적인 부에 따라 결정된다. 주식을 하면서도 우리는 늘 자기가 보유한 주식을 더 좋은 주식과 비교하는데, 이것 또한 본능이다.

우리의 시각 시스템이 얼마나 엄청난 일을 하는지는 특별히 고안된 착시를 통해서나 뇌 작동 이상으로 지각이 잘되지 않는 임상 사례를 통해서 가늠할 수 있다. 시각 시스템은 눈과 뇌로 구성되므로 눈이 정상적으로 작동해도 뇌에서 눈으로 들어온 정보를 해석하지 못하면 아무것도 보이지 않는다. 즉, 컴퓨터의 하드웨어가 멀쩡해도 소프트웨어가 없으면 아무 일도

하지 못하는 것과 같다. 인간은 태어나서 최소 몇 년은 시각 경험을 해야만 한다. 이 기간에 뇌의 시각을 맡고 있는 영역에서는 불필요한 신경이 사라지고 필요한 신경끼리 서로 옮겨 자라면서 정확히 조율된다.

◕◕◕ 시각 경험의 중요성: SB의 사례

1906년에 태어난 SB(Sidney Bradford)는 태어난 지 10개월쯤 되었을 때 각막 혼탁으로 시력을 거의 잃어, 50년 동안 세상을 보지 못하고 살아왔다. 그러다 52세에 각막 이식 수술을 통해 극적으로 시력을 회복했다. 다행히도 SB는 색을 정확히 볼 수 있었고, 색맹 검사판에서도 숫자를 잘 읽을 수 있었다. 따라서 색을 알아보는 것은 경험이 거의 필요 없는 것처럼 보인다. SB는 촉각으로 물체를 알아보던 기억을 이용해 자신이 만져본 물체들을 눈으로 알아볼 수 있었다. 알파벳의 대문자를 읽을 수 있었고, 벽에 걸린 시계를 보고 시간을 맞출 수 있었다. 또한 손으로 익힌 물체들이 얼마나 멀리 떨어져 있는지도 정확히 지각할 수 있었다.

하지만 손으로 만져보지 못한 물체들을 알아보거나 거리를 알아내는 일은 매우 힘들어했다. 알파벳의 소문자를 알아보지 못했고, 병원 창문으로 내려다보이는 거리를 만질 수 있다고 생각했다. 창에 비치는 초승달과 창문에 붙은 얼룩의 차이를 이해하지 못해 끙끙댔다. 거리의 자동차가 무서워 혼자 집 밖을 나서지 못했다. 영국의 심리학자 리처드 그레고리(Richard Gregory)는 그를 면밀하게 검사했는데, 정상인이 경험하는 착시들을 SB는 거의 경험하지 못한다는 사실을 발견했다(Gregory & Wallace, 1963). 예를 들어, 정상 시력을 지닌 사람들은 [그림 1-3] 헤링 착시 그림의 가운데 두 수직선이 휘어져 보이지만, SB에게는 똑바른 직선으로 보였다. 또한 크기 대비 착시 그림에서, 보통의 사람들은 남자가 오른쪽으로 갈수록 더 크게 보이는데, SB에게는 크기가 똑같아 보였다.

SB는 시력이 회복된 뒤 많은 노력을 했지만, 물체와 거리를 알아보는 능력은 거의 개선되지 않았고 세상은 무질서하게 보였다. 시력을 잃었을 때 쾌활했었지만, 눈을 뜬 이후로 짐점

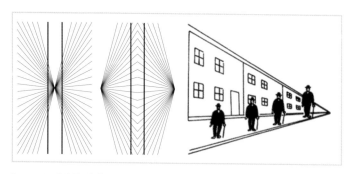

[그림 1-3] 헤링 착시(좌)와 크기 대비 착시(우).

좌절하기 시작했고 3년 뒤 알려지지 않은 이유로 병원에서 사망했다. SB는 성인이 되어 눈의 기능이 회복되었지만, 이미 뇌에서 시각신경들의 연결이 완성되어 시각 경험에 따른 재조직화가 일어나지 않아 시각 학습이 전혀 일어날 수 없었던 것이다. 차라리 눈을 감으면 평온했다.

그렇다면《심청전》에 나오는 심봉사 심학규는 어떨까? 일설에 따르면, 심학규는 원래 눈이 정상이었는데 가난해서 눈병을 치료하지 못해 성인이 되어 시력을 상실했다고 한다. 즉, 어렸을 때 본 경험이 있기 때문에 심청이 덕분에 눈을 떴을 때 딸을 알아볼 수 있었던 것이다.《심청전》이 완전히 허구는 아닌 것처럼 보인다.

▮◆▮ 실세계에서 우리 눈이 배우는 규칙들

우리 눈은 살면서 많은 규칙을 배운다. 멀리 있는 물체를 볼 때는 눈의 망막 위에 상이 작게 맺히고, 가까이 있는 물체를 볼 때는 눈에 크게 맺히는 관계, 똑같은 물체라도 멀리서 움직일 때는 망막상에서 느리게 움직이고 가까이 있을 때는 빠르게 움직이는 관계를 배운다. 물체의 색은 조명의 밝기와 보이는 방향에 따라 체계적으로 반사한다는 점을 배운다.

물체의 물리적·심리적 성질을 배운다. 물체에는 특별한 물리적 성질들이 있다. 돌은 딱딱하고 차갑고 무겁다. 흙은 푸석푸석하고 부드럽다. 물은 물컹물컹하고 차갑다. 땅에서는 걷거나 뛸 수 있고, 물에는 빠질 수 있다. 불은 뜨겁다. 개는 빠르게 뛸 수 있고 사람을 물 수 있다. 새는 날 수 있고 쪼을 수 있다. 얼굴 생김새를 통해 그가 따뜻한 사람인지, 성격이 급한 사람인지, 불안한 사람인지, 너그러운 사람인지 등을 배운다.

자신이 동작을 취했을 때 어떤 효과가 있는지를 배운다. 손가락으로 스위치를 누르면 천장에 불이 켜지는지, 손을 어떻게 뻗고 컵을 쥐면 테이블 위의 컵이 입으로 오는지, 손가락으로 물건을 쥘 때 얼마나 세게 쥐어야 손에서 떨어지지 않는지, 다리를 어떻게 움직이면 계단을 내려갈 수 있는지를 배운다. 머리를 움직이면 사물의 형태가 눈에서 어떤 모양으로 바뀌는지, 손으로 물체를 쥐고 움직이면 어떻게 움직이고 어떻게 형태가 달라지는지를 배운다.

주의를 활용하는 방식을 배운다. 선천적으로 큰 소리와 같은 갑작스러운 외부 자극이나 엄마, 아빠의 목소리에 주의하며, 좀 더 크면서는 타인의 눈동자, 손, 몸의 방향에 주의하는 법을 배운다. 길을 다닐 때 엄마, 아빠로부터 신호등을 보고 횡단보도를 건너는 법과 자동차를 조심하는 법을 배운다. 성인이 되면서 주의를 활용하는 능력은 극대화되어 의식하지 않아도 자동화된다. 그런데 멀티태스킹의 증가로 나타나는 스마트폰에 대한 자동적인 주의는 주식매매에 큰 방해가 되기도 한다(5장에서 이를 좀 더 자세히 논의하겠다).

실세계에서 물체의 움직임에는 일관성이 있다. 물체는 움직일 때 중력, 관성, 마찰, 무게, 견고성 등의 물리적 제약을 받는다. 물은 위에서 아래로 떨어지고, 골프채로 골프공을 세차게 치면 공은 허공에서 한 방향으로 나아간다. 대체로 물체들은 움직일 때 한 방향으로 일관된 속도로 나아간다. 즉, 시간과 거리 사이에 선형적인 성질이 있다. 이 선형성(linearity)을 이용해 도로에 지나가는 자동차나 자전거의 움직임을 예상하고, 길을 건너도 좋은지를 판단할 수 있다. 그런데 앞에서 움직이는 물체가 갑자기 방향을 바꾸면 부딪힐 수 있다. 이 때문에 고속도로에서 과속보다 갑작스러운 차로 변경이 더 위험할 수 있다.

움직임뿐만 아니라 선형성은 다른 일상적인 일들에서 쉽게 찾아볼 수 있다. 달걀 한 개가 500원이면 10개는 5,000원이다. 한 해 이자가 3%면 10년이면 30%다. 자동차가 시속 100km로 달리면 3시간 뒤면 300km를 갈 수 있다. 이처럼 선형적인 일들은 도처에 있고 우리는 이 성질에 익숙하다. 선형적 관계는 단순하고 이해하기 쉬워 뇌의 인지 부담을 줄여주기도 한다.

한편, 세상에는 엔진 크기와 엔진의 효율성, 복리 이자, 공중으로 올라갔다 떨어지는 공의 가속도처럼, 비선형적으로 변하는 일들도 아주 많다. 그리고 비선형적인 일들을 계산하기 위해 고차함수, 미분, 적분, 로그, 지수 등 다양한 수학 기술들이 개발되어 있다. 하지만 비선형적인 일들은, 머릿속에 잘 떠오르지 않을뿐더러 잘 이해가 되지 않는다.

ⅲ₊ⅲ 게임 세계, 가상현실, 증강현실은 실세계와 비슷하다

실세계의 움직임 규칙에 대한 지식은 컴퓨터 게임이나 가상현실 체험을 할 때도 그대로 적용된다. 예를 들어, 사람들은 액션 게임이나 스포츠 게임처럼 실세계와 매우 비슷한 환경에서 진행되는 게임을 할 때 손쉽게 높은 점수를 획득할 수 있다. 이런 게임 속에 등장하는 땅, 나무, 벽, 계단, 건물, 바위, 산, 물, 강, 하늘 등은 실세계처럼 견고한 속성을 그대로 지닌 것으로 계산된다. 게임에는 물리학 엔진이 장착되어 실시간으로 가동되므로 물체들은 실세계에서처럼 자연스럽게 움직인다. 게임 환경이 실세계와 비슷하기 때문에 게임을 할 때 실세계에서 배운 시각 기술이 전이되어 무리 없이 게임을 할 수 있는 것이다.

가상현실(virtual reality)에서 헤드셋 디스플레이에 제시되는 장면들은 사용자가 어느 곳으로 머리를 돌리더라도 빈틈없이 바뀌어서 마치 새로운 세계에 들어온 것 같은 느낌이 든다. 증강현실(augmented reality)은 실세계를 배경으로 디지털 이미지가 덧붙여져 제시된다. 가상현실과 증강현실에서 플레이어는 자신의 몸이 존재하는 곳에 있다는 느낌인 현실감(presence)에서 시각적으로 제시된 세계로 자신이 들어와 있다는 착시적 느낌인 원격현실감(telepresence)으로 전이가 일어난다. 게임 세계, 가상현실 그리고 증강현실은 가상 세계인 메타버스(metaverse)를 구성하는 데 중요한 기술이고 점점 실세계의 물리적 규칙과 최대한으로 닮아가고 있다. 따라서 사용자가 실세계에서 익힌 시각과 동작 기술을 그대로 이용하는 데 큰 문제가 없다.

이런 게임 세계에서는 모니터 화면 안에 플레이어의 몸을 대신하는 아바타들이 나타난다. 전투 게임에서는 자신의 손과 총이, 당구 게임에서는 큐대가 그리고 메타버스에서는 아바타나 컴퓨터 화면에 보이는 마우스 커서 등이 그렇다. 이런 디지털 대리인들은 플레이어를 대신해 가상공간에서 어떤 효과를 발휘한다. 그리고 익숙해지면 점점 자신의 신체 일부처럼 여겨지기도 한다. 즉 '연장된 자기'(extended self)가 되는 것이다. 연장된 자기는 몸과 떨어져 있지만, 자기의 일부로 느껴지는 대상을 뜻한다. 손발이 불편한 장애인의 의수나 의족, 테니스

선수의 라켓, 목수의 망치 그리고 스마트폰처럼 개인의 중요 소지품들이 모두 이에 해당한다.

자신이 산 주식의 주가 막대도 약한 정도의 연장된 자기로 볼 수 있다. 주식을 매수하는 순간 자신의 일부가 되어 주가에 민감해지고 쉽게 매도하기 어려워진다. 즉, 몸의 일부가 되는 것이다. 매수자는 본질적으로 주가가 오를 것으로 기대하므로 주가가 내릴 때에 비해서 주가가 오를 때 투자자 자신과 일체감을 더 갖게 될 것이다. 반면, 자신의 신체 일부나 어떤 도구가 말을 잘 듣지 않을 때 이질감이나 이물감이 느껴지고 고통스럽듯이, 자신이 산 주식의 주가가 원하는 방향으로 움직이지 않을 때 고통이 뒤따른다. 보유한 주식의 주가가 떨어지고 있을 때 계속 버티는 것(소위 '존버')은 말을 듣지 않는 신체를 갖고 있는 것과 같다. 마치 허리디스크나 충치처럼 매우 고통스럽기 때문에 팔지 않은 채 유지하기가 매우 어려운 것이다.

▌▌▌ 주식 세계는 실세계와 다르다

실세계에서 물체는 초속 30만km 속도로 움직이는 빛을 받아 반사한다. 그리고 관찰자의 눈과 뇌는 반사된 빛을 이용해 물

체의 물리적 성질과 정보를 포착해 대상이 무엇인지 파악한
다. 다음 [그림 1-4]의 a에서, 빛은 여러 가지 파장으로 구성
되는데 빛의 단파장을 흡수하고 장파장을 반사하는 사과는 사

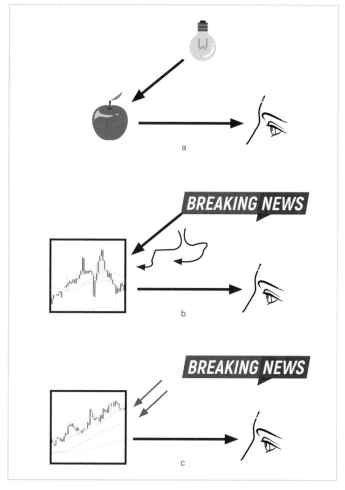

[그림 1-4] a는 광원, 물체, 시각의 관계를, b와 c는 뉴스, 주가, 시각의 관계를 나타낸다.

람들의 눈에 빨간색으로 보이고 사과로 지각된다. 이것은 모든 사람에게 거의 똑같은 것으로, 빨간 사과가 노란색 바나나로 지각되는 경우는 거의 없다. 빛의 속도와 물체의 반사하는 성질은 언제나 규칙적이고 눈을 뜬 사람 모두에게 똑같은 속도로 전달된다.

그런데, 주식에 둘러싸인 정보들은 여러 가지 측면에서 불규칙적이고 투자자들에게 불평등하게 전달된다. 첫째, 뉴스가 주가에 반영되는 속도가 불규칙하다. 주가를 움직이는 가장 큰 정보는 뉴스에서 나온다. b에서 보듯이, 어떤 주식은 빛의 속도로 뉴스가 주가에 반영되지만, 어떤 주식은 며칠 걸리기도 하고 아예 반영되지 않기도 한다.

또한, 투자자에 따라 정보가 전달되는 속도가 다르다. 2020년 12월 23일 LG전자는 캐나다 마그나와 전기차 합작 법인을 설립한다는 사실을 12시 40분경 공시했다. 그리고 조금 뒤 오후 1시경 주가는 상한가를 쳤다! 그런데 이 소식은 오전에 이미 〈블룸버그〉를 통해 외국인과 기관투자자에게 먼저 알려졌다. 개인투자자들은 영문도 모른 채 이미 1,000억 원가량을 순매도했고 뒤늦게 땅을 치며 후회했다.

둘째, 뉴스 내용에 따른 주가의 변화가 불규칙하다. c처럼 비슷한 뉴스에도 어떤 주식은 주가 상승이 일어나는데, 어떤 주식은 정반대로 주가 하락이 발생한다. 예를 들어, 유상증자 공시에 대부분의 주식은 주가가 하락하는데, 어떤 주식은 급상승한다. 몇천억 원의 건설 계약이나 선박 계약에도 관련 주식의 주가는 거의 움직임이 없는데, 어떤 주식은 단 몇 억 원의 수출 계약에 주가가 치솟기도 한다.

뉴스가 주가에 반영되는 속도 그리고 뉴스와 주가의 관계가 일정하지 않기 때문에 이에 적응하지 못한 개인투자자들은 혼란스럽다. 이때 개인투자자들이 믿는 것은 차트다. 호재처럼 보이는 뉴스를 보고 차트가 급등하면 호재로 확신해 주식을 매수하는 것이다. 하지만 종종 개인투자자들은 고점에 주식을 매수했다가 주가 급락으로 큰 손해를 본다.

무엇보다 가장 중요한 점은 주가의 움직임에는 중력과 마찰력 같은 실세계의 물리 법칙이 적용되지 않는다는 사실이다. 한 방향으로 같은 속도로 움직이다 빠른 속도로 급등과 급락을 보이기도 하고, 방향을 틀어 움직이기도 한다. 물론 모멘텀(momentum)을 갖고 일정 시간에 관성적인 움직임을 보이는 경우도 있기 때문에 추세 매매가 이익을 가져다줄 때도 있다. 하지만 근본적으로 주가의 변화는 비선형적이면서 어떤 고차함수로도 설명되지 않는 불규칙성을 지니고 있다.

그럼에도 우리 시각 시스템은 선형성에 의존해 주가 막대를 지각하고 예측하려는 강한 본능이 있다. 이것은 거대한 오류이며, 아무리 애를 써도 잘 고쳐지지 않는다! 사실 주식 교과서에서 말하는 추세(trend)라는 것은 결국 과거 데이터에 기반한 예측에 불과한 것으로 인간의 선형성 예측과 다를 바가 없다. 기울기가 크면 강한 추세고 작으면 약한 추세다. 다만, 추세는 장기투자에서는 긴 시간 범위에서, 단기투자에서는 짧은 시간 범위에서 말하는 것이다.

주가를 표시하는 막대 차트 자체는 초등학교에서부터 보는 법을 배우기 때문에 투자자가 마음만 먹으면 무엇을 의미하는지 금방 알 수 있다. 그렇지만 주가 차트를 보고서 흐름을 읽고 주가를 예측하기 위해서는 오랜 시간 특별한 훈련이 필요하다. 그 첫 번째는 실세계를 바라보는 데 사용하는 법칙을 그대로 적용하려는 태도를 경계하는 것이다.

주가 차트는 자극적이다

1분마다 발생하는 주가의 분봉차트를 생각해보자. 9시에 장이 시작되면 1분봉은 주가를 반영해 쉴 새 없이 막대 높이가 바뀌면서 오른쪽으로 한 칸씩 움직인다. 분봉들이 일정한 수가 되면 패턴이 되어 주가의 추세를 형성한다. 그런데 실세계에서 물체들의 움직임을 바라보는 눈으로 주가의 움직임을 예측한다면 어떻게 될까?

아마 거대한 함정에 빠지게 될 것이다. 안타깝게도, 투자자는 실세계를 보는 방식으로 주가의 흐름을 보려는 습관을 절대 이기지 못한다. 특히 단기투자 상황에서 투자자들은 주가 막대의 대략적인 선형적 방향성을 보고 주가의 흐름을 예측하고 주식을 매매하는데, 이 일은 자동적으로 일어난다. 주가 막대는 자동화된 동작을 이끌어낸다는 점에서 자극적이다.

주식매매는 액션 게임이나 스포츠 게임에서 요구하는 운동 수행 능력과 관계가 없어야 한다. 주가의 흐름을 실세계의 눈으로 이해하려고 하는 사람일수록 주식을 더 잘하지 못할 가능성이 크다. 여러 통계를 보면 남성이 여성보다 투자 손실이 더 큰데, 남성이 실세계를 보는 눈으로 주식 세계를 보려는 경향이 여성보다 강하기 때문일지도 모른다. 즉, 실세계와 비슷한 게임에서는 남성이 여성보다 수행 능력이 앞서는데 주식매매에서는 반대인 것이다.

왜 남성이 여성보다 잦은 매매를 해서 손실을 보는지에 대해서는 아직까지 잘 연구되어 있지 않다. 인류학에 수렵채집 이론(hunter-gatherer theory)이 있다. 이 이론은 선사시대에 공동생활을 하면서, 남자는 집 밖으로 멀리 나가 사냥을 하고 여자는 집 주변에서 열매 등을 채집했다고 가정한다. 사냥감을 잡을 때는 아주 민첩하게 행동해야 하는 반면, 채집에서는 속도가 덜 중요하다. 어쩌면 현대의 남자에게는 사냥의 본능이 남아 있어, 상승하는 주가 막대를 사냥감으로 착각하는지 모른다. 그래서 참지 못하고 재빨리 매수하게 되는 것이다.

다음 [그림 1-5]의 a는 실세계에서 대상을 보고 동작하는 과정을 보여준다. 타자는 공을 보고 우선 감각에 의존해 쳐야 하며, 이때 의식의 역할은 적다. 반면 b처럼, 주식 차트에서 매매를 할 때는 감각보다는 의식의 영향을 좀 더 받아 동작을 처리해야 한다. 즉, 주가 막대를 눈이 아닌 머리로 봐야 한다.

바이오 관련 업체 N사의 사례를 살펴보자. 이 회사의 주가는 2021년 7월 21일 퇴행성관절염 치료제의 국내 임상 3상 성공 뉴스로 3일 연속 급등했다. 이 상승세는 3일째 되는 날 11시 20분까지 꾸준히 이어져 최고가를 찍었는데, 점진적으로 오르는 분봉을 보고 대체 누가 주식을 사지 않겠는가? 주가는 뾰족한 고점을 기점으로 급락했는데, 변동성 완화장치를 두 차례나 지나 급락률은 고점 대비 33%를 넘었다! [그림 1-6]을 보면 실제 주기의 흐름이 5분봉으로 나타나 있나.

매매 동향을 보면 이날 외국인이 58억 원어치를 순매도했고, 개인이 58억 원을 순매수했다. 외국인이 개인에게 물량을 떠넘긴 것이다. 주가 상승이 시작된 첫째 날에 외국인은 40억 원어치를 순매수하며 주가를 끌어올렸다. 3일째 되는 날, 외국인은 가진 물량 이상의 물량을 개인에게 떠넘겼다. 이 3일 동안 다른 기관들은 거의 매매에 참여하지 않았다. 아마

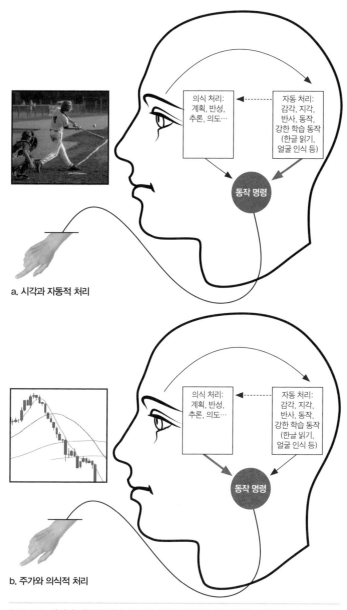

[그림 1-5] 시각과 자동적 처리, 주가와 의식적 처리가 이루어지는 과정.

[그림 1-6] **2021년 7월 23일 바이오 관련 업체 N사의 주가 변동 추이(5분봉).** 출처: 다음 금융

도 다른 기관들은 이 뉴스가 큰 호재가 아닌 것으로 판단한 듯하다. 그렇지만 개인투자자들은 이를 알기 어렵다. 다만, 뉴스가 나오고 차트가 지속적으로 상승하기 때문에 호재로 인식한 것이다.

결국 주식의 실제 가치가 아니라 차트가 수가를 끌어올린 것이다. 장이 끝난 뒤 차트를 보면 고점이 쉽게 보이지만 매매가 일어나는 동안에는 어디에서 방향을 틀지는 세력만이 알 수 있다. 개인투자자들은 고점에서 주가가 하락해도 일시적인 하락으로 생각하고 다시 돌아오기를 기도하면서 관망할 수밖에 없다. 세력은 이렇게 주가 차트라는 그물을 치고 개인투자자들을 기다린다.

▌▌▐▌ 주가 차트는 감정적이다

본다는 것은 눈앞에 보이는 것을 탐지하는 것만이 아니다. 그 대상이 무엇인지 알아보고 어떤 의미를 지니는지까지도 파악하는 일이다. 길을 걷다 들개를 만나는 순간, 우리는 '개'라는 것과 함께 '개가 물 수 있고 내가 다칠 수도 있다'는 가능성을 자동적으로 떠올린다. 이와 동시에 불안이라는 감정이 순식간에 일어난다. 실제로 이성의 얼굴을 보는 경우 채 0.5초가 안 되는 시간 만에 앞으로 이 사람과 사귈지 안 사귈지의 판단이 일어난다(Willis & Todorov, 2006). 현재 가장 발달한 자율형 주행차조차 전파를 쏘고 돌아오는 신호를 이용해 도로에 '무언가 있다' 정도의 탐지 처리만 할 수 있다는 점을 생각하면, 인간의 시각 처리가 얼마나 놀라운 일을 해내는지 가늠할 수 있다.

시각 시스템에서 감정은 특별한 회로를 구축하고 있는데, 다른 회로보다 처리 속도가 빠르다. 사람의 얼굴을 알아보는 데 0.2초가 걸리는 데 반해 얼굴 표정을 알아보는 데는 0.1초도 걸리지 않는다(Whalen 등, 2004). 이 과정은 엄청나게 빠르게 일어나는데, 만일 뇌에 있는 이 회로의 끝에 편도체가 강하게 활성화되면 이성과 의식보다 동작에 대한 우선권을 가진다. 편도체(amygdala)는 모양과 크기가 아몬드와 비슷한데, 작지만 몸 전체를 장악할 수 있다(7장 참고).

이성을 마비시키고 감정에 따라 행동을 하는 것은 동물의 생활에 매우 큰 도움이 된다. 사슴이 호랑이를 만나면 생각할 것도 없이 뛰고 봐야 하는데, 이렇게 반사적으로 동작을 일으키게 하는 것은 감정이며, 동작을 통해 감정을 줄이는 것이 동작의 목적이다. 즉, 감정의 주요 기능은 상황을 피할 것인지 마주할 것인지와 같은 동작을 빠르게 하도록 돕는 것이다.

인간의 생활에서도 감정은 절대적인 역할을 한다. 적절한 대우를 받지 못하면 화가 나고 화를 풀 수 있는 동작의 동기가 일어난다. 다음 주에 시험이 있으면 불안이라는 감정이 생겨 공부를 하게 되고, 지루함이라는 감정은 현재 상황을 벗어나도록 새로운 것을 추구하게 한다. 즐거움과 기쁨은 현재 상황을 유지하게 하고, 놀라움은 대상에 주의를 가해 상황을 면밀히 파악하게 한다. 만일 친구와 말다툼을 했다면, 불편한 감정이 일어나 재빨리 화해를 시도하게 한다. 가수 박상규의 노래 〈친구야 친구〉에 나오듯이, 말다툼 하나로 평생 친구와 등질 수는 없는 노릇 아닌가? 이 예들에서 볼 수 있듯이, 감정은 즉각적인 해결 동작을 격발한다. 이렇게 감정은 실세계에서 매우 중요한 기능을 한다.

그렇다면 주식 세계에서 감정은 어떻게 다뤄지고 있을까? 철저히 억제하고 통제할 대상이다. 주식 대가의 교훈은 자신이 산 주식의 주가가 하락해도 참고 버텨야 한다는 것이다. 주가가 오른다고 해도 흥분하지 말고 팔지 말아야 한다. 그러나 이런 행동은 실세계를 살아가는 방식과는 정반대다. 우리는 좋지 않은 일이 발생하면 화가 나고, 이 감정을 해소하기 위해 최대한 빨리 해결책을 찾는다. 그러니 주가가 떨어지면 불안한 감정이 일어 주식을 팔고 주가가 오르고 있는 다른 주식을 추격매수 하는 게 인간적인 것이다. 실제로 많은 개인투자자는 인간적인 동작을 하고 큰 손해를 본다. 투자의 교훈은 급등주는 쳐다보지도 말라는 것이다.

⬛⬛⬛ 차트 매매는 인지 편향으로 설명되기 어렵다

행동경제학의 문을 연 대니얼 카너먼(Daniel Kahneman)과 아모스 트버스키(Amos Tversky)는 사람들이 불확실한 상황에서 내리는 의사결정이 전통적인 경세직 관짐에서 보면 전혀 합리적이지 않다는 사실을 발견했다(Kahneman & Tversky, 1982). 이들이 제안한 전망 이론(prospect theory)에 따르면 사람들은 두 가지 특징적인 행동을 보인다. 첫째, 이익은 확정 지으려고 하고 손실은 좀 더 지켜보려는 경향이다. 둘째, 이익보다 손실에 더 민감해서 손실에 더 큰 심리적 가중치를 두는 경향이다.

다음은 이 이론이 나오게 된 대표적인 확률 문제다. 카너먼

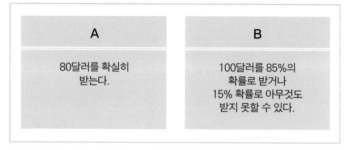

A	B
80달러를 확실히 받는다.	100달러를 85%의 확률로 받거나 15% 확률로 아무것도 받지 못할 수 있다.

[그림 1-7] 이익에 관한 문제.

과 트버스키는 사람들에게 두 가지 선택지를 주고서 그중 하나를 선택하게 했다([그림 1-7]).

이 문제에서 사람들은 A를 선택하는 경향이 우세했다. 확률적으로 B가 85달러로 기댓값이 더 높음에도 말이다. 이를 '손실 회피'(loss aversion)라고 한다. 이 결과는 사람들이 확실한 이익을 불확실한 이익보다 선호한다는 것을 뜻한다.

손실 상황에서는 어땠을까? 흥미롭게도 손실에 대한 문제에서는, 사람들은 확실히 돈을 잃는 것보다 손실 가능성이 약간 크더라도 좀 더 지켜보자는 쪽을 택하는 경향이 강했다. [그림 1-8]에서 볼 수 있듯이, 확률적으로 A가 더 손실을 낮출 수 있음에도 그랬다. 이를 '위험 추구'(risk seeking)라 한다.

카너먼과 트버스키는 두 문제에서 선호하는 쪽이 다른 것은 손실일 경우 심리적 고통이 더 커서 이를 확정 짓지 못하기 때문이라고 설명했다. 이는 주식매매에서 일어나는 행동을 잘

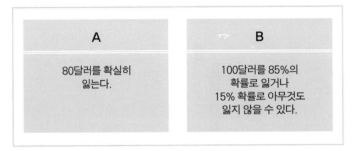

[그림 1-8] 손실에 관한 문제.

설명하는 면이 있다. 이익과 관련한 사안에서 사람들이 확실한 이익을 추구하는 경향은, 주식으로 치면 약간의 이익에도 쉽게 팔아버리는 행동과 일치한다. 또한, 손실과 관련한 사안에서 사람들이 손해를 확정 짓지 못하는 경향은, 주식으로 치면 손절을 잘하지 못하는 면과 일치한다.

그런데 차트에 기반한 단기매매 상황에서는 이 설명과 다른 행동을 보이는 사람들이 많다. 다음의 [그림 1-9]를 보자. 어떤 종목이 짧은 시간 안에 급등과 급락을 보이고 있다. 매매 상황에서 투자자는 결과를 알 수 없다고 가정해보자. 투자자 A는 운이 좋게 1번 지점에서 이 종목을 매수한다. 주가는 폭등해 10% 이상 이익을 보고 있다. 그는 주가가 정점에 이르렀을 때 주식을 팔아야 할지 가지고 있어야 할지 고민을 하게 된다. 카너먼과 트버스키의 전망 이론은 투자자 A가 주식을 팔 것으로 예상할 것이다. 하지만 많은 투자자들의 말을 들어보면 주가가

[그림 1-9] **짧은 시간 안에 급등과 급락을 보이고 있는 종목의 예(5분봉).**　　출처: 다음 금융

계속 오를 것 같기에 팔지 않고 보유하는 쪽을 택한다.

이번에는 손실 상황을 생각해보자. 투자자 B는 이 종목이 급등하는 것을 보고 2번 지점에서 추격매수를 했다. 고점에 물린 것이다. 그리고 주가는 횡보하다가 순식간에 급락해 3번 지점에 이르렀다. 이때, 전망 이론은 그가 주식을 보유할 것으로 예상할 것이다. 그렇지만 많은 사람들은 파는 쪽을 택한다. 이미 손실 난 주식을 갖고 있는 것이 너무나 고통스럽기 때문이다. 그리고 더 이상 주가에 아무런 변화가 없을 것으로 믿기 때문이다.

물론 이와 같은 사례는 아직 공식적으로 조사된 것은 아니지만, 인터넷에서 투자자들이 흔하게 토로하는 이야기 중 하나다. 차트 매매에서는 실제로 투자자가 가지고 있는 주식의 주가 차트 변화에 따라 감각적 흥분이 크게 일어난다. 저점에서 주식을 사고 주가가 가파르게 상승할 때 그리고 고점에서 사고 주가가 가파르게 하락할 때 감각적 흥분이 발생하고, 이러한 흥분은 이후의 행동에 큰 영향을 미친다. 전망 이론에서 이 감각적 흥분이 전혀 고려되지 못하고 있는 점은 한번 따져볼 만한 부분이다. 많은 성공적인 투자자들은 급등주 추격매수를 하지 말라고 조언한다. 하지만 자신도 모르게 자동적으로 이와 같은 행동을 하는 것은 인지 수준의 의사결정 문제가 아닌 다른 문제다. 어쩌면 사람들의 의사결정은 전망 이론에서 말하는 것보다 훨씬 더 비합리적인지도 모른다.

근대과학의 아버지라 불리는 아이작 뉴턴(Isaac Newton)의 추격매수 일화는 유명하다. 그는 한때 채권 투자로 큰돈을 벌어 영국 부자 상위 1% 안에 들었을 정도였다. 하지만 주식으로 선 재산을 거의 다 잃고 마는데, 바로 추격매수 때문이다. 그는 1720년 사우스시(South Sea)의 주식을 저점에 사서 비싼 값에 팔았다. 그런데 이후에도 주가가 계속 급등하는 것을 알고 난 뒤 일찍 매도한 자신을 심하게 자책하고 추격매수에 나선다. 하지만, 결국 고점에 물리게 되고 엄청난 돈을 잃고 말았다. 그 금액은 당시 재직 중이던 케임브리지대학의 100년 치 연봉에 이를 정도였다.

◈◆◈ 다르게 보는 훈련이 필요하다

눈으로 보지만 다른 측면에서 봐야 하는 문제는 예술 작품을 감상할 때도 일어난다. 예를 들어, 초현실주의 화가들에게 많은 영감을 준 이탈리아 화가 조르조 데 키리코가 그린 〈거리의 신비와 우울〉(The Mystery and Melancholy of a Street, 1914)이라는 작품을 보자([그림 1-10]). 이 그림을 처음 보더라도 무엇을 그린 것인지 대략 알 수 있다. 광장, 집, 마차, 어린 소녀가 있다. 하지만 가만히 보면 건물들과 마차의 원근이 왜곡되어 있다. 왼쪽 건물은 너무 왜곡이 심하고 가운데 마차는 원근이 아예 없으며, 오른쪽 건물은 소실점이 땅속을 향하고 있다. 굴렁쇠를 굴리고 있는 소녀는 밝은 기분으로 보인다. 좁은 골목길에서 벗어나 넓은 광장으로 나가면 굴렁쇠를 더 빠르고 멋지게 굴릴 수 있을 것이라 기대하는 것 같다. 그런데 소녀가 달려가고 있는 광장 너머에는 기다린 기인의 그림자가 보이고 무엇인가 불길한 느낌이 든다. 마치 초보 주식 투자자가 한껏 희망에 부풀어 주식 세계라는 광장으로 달려가는 것처럼 보이기도 한다. 하지만 건너편에는 세력이 무섭게 노려보고 있다! 과연 소녀는 어떻게 되었을까?

그림이 사실적이지 않다고 해서 예술적이지 않은 것은 아니다. 실세계를 바라보는 시각으로 예술 작품을 평가한다면

[그림 1-10] 조르조 데 키리코의 〈거리의 신비와 우울〉(1914, ⓒ Giorgio de Chirico / by SIAE
- SACK, Seoul, 2021).

도저히 이해할 수 없을 뿐이다. 즉, 예술을 보는 데는 다른 법
칙이 필요하다. 실세계를 보는 데 많은 시간과 훈련이 필요하
듯 예술을 보는 데에도 많은 시간과 훈련이 필요하다. 주가 차
트를 미술 작품에 비유한다면, 사실적인 구상화와 도저히 내

용을 알 수 없는 추상화의 중간쯤에 해당하는 그림처럼 보인다. 얼핏 이해할 수 있을 것 같은데 그렇지 않은 것이다.

그러나 주식, 주가를 보는 문법과 예술 작품을 보는 문법에는 큰 차이가 있다. 주가 차트를 볼 때는 감정을 최대한 억제해야 하는 것과 달리, 예술 작품을 볼 때는 감정에 최대한 귀 기울여야 한다. 왜냐하면 감상의 목적은 작품을 보고 감정의 고조를 최대한 느끼고 정화하는 것이기 때문이다. 고독을 표현한 그림에서는 고독감에 빠져야 하고, 외로움을 표현한 그림에서는 외로움에 빠져야 하며, 환희를 표현한 그림에서는 환호해야 한다. 우리는 작가의 삶, 철학 그리고 그림의 사조를 통해 작가의 의도에 더 다가갈 수 있고, 감정이 고조되어 성공적인 작품 감상에 도달할 수 있다.

실세계를 보는 방식과 다르게 봐야 하는 일은 얼마든지 있다. 청진기, 엑스레이, 초음파, 뇌 영상 자료 등을 이용해 신체 이상을 판단하는 의사, 망원경으로 천체를 관찰하는 천문학자, 현미경 속을 바라보는 생물학자, 땅의 진동을 보고 지진을 탐지하는 지질학자, 구름의 이동을 보고 날씨를 예상하는 기상전문가, 선수들의 움직임을 보고 반칙을 잡아내는 축구 심판, 거짓말탐지기로 거짓말을 알아내는 수사관, 상대의 미묘한 표정을 보고 감정을 읽거나 수를 읽는 포커 게이머 등 거의 모든 분야의 전문가들은 특별한 시각 능력이 있으며, 이런 전문성을 획득하기 위해서는 오랜 훈련이 필요하다.

▮▯▮ 병아리 성감별의 교훈

갓 부화한 병아리는 감별사가 암수를 구별한다. 수컷은 먹이를 많이 먹고 육질이 떨어져서 판별 직후 버려진다. 병아리 성감별은 날개 모양, 털색, 생식기 등 여러 가지 단서로 이뤄지는데, 생식기를 이용한 감별의 정확도가 가장 높다. 감별사가 되기 위해서는 학원과 현장에서 최소 3년은 배워야 3~5초에 한 마리를 95% 이상의 정확도로 구별할 실력이 되어 취업할 수 있다. 교육생이 왼손으로 병아리를 뒤집어 잡고 오른손으로 항문을 깐 다음 그 안에 있는 생식기의 모양을 보고 암수를 판별한 뒤 지도자에게 보여주고 피드백을 받는 방법으로 학습은 이뤄진다. 흥미로운 것은 지도자는 암컷과 수컷을 명시적으로 설명하지 못하고 감으로만 구별한다는 점이다.

마치 자전거 타는 방법을 말로 설명하기 어려운 것과 비슷하다. 일곱 살 아들에게 두발자전거를 가르칠 때 아무리 "핸들을 왼쪽으로! 오른쪽으로!" 지시해봐야 소용없다. 보조 바퀴를 과감히 떼고 뒤에서 슬쩍 밀어주는 게 낫다. 아이의 몸이 시행착오를 통해 저절로 배우게 되는 것이다. 이렇게 할 줄은 아는데 말로 설명하기 어려운 종류의 학습을 '암묵 학습'(implicit learning)이라 한다. 자전거 배우기는 몸과 뇌 사이에서 일어나는 암묵 학습이지만, 주식 투자도 시각 시스템과 뇌 사이에 일어나는 암묵 학습이 필요한 측면이 있다.

주식에는 학습을 통해 배워야 하는 명시적 실력이 있고, 말로 표현하기 어렵지만 오랜 투자 생활을 통해 직관적으로 길러지는 암묵적 실력이 있다. 암묵적 실력은 병아리의 성감별을 하는 능력과 비슷한 부분이 있다. 주식 투자가 병아리 성감별보다 복잡하고 어렵다면, 아마도 투자에서 성공하기 위해서는 수년간 전문가의 지도 아래 훈련을 받아야만 할 것이다.

⭑⭑⭑ 주식시장은 나쁜 선생님이다

병아리 감별사의 임묵 학습과 비슷한 현상은 여러 심리학 실험들에서도 찾아볼 수 있다. 예를 들어 이런 식이다. 참여자들에게 여러 가지 문양이 표시된 카드를 준 뒤, 베팅을 할 것인지 말 것인지를 묻는다. 문양과 색깔이 매번 다르고 카드를 짧은 시간 동안만 보여주기 때문에 사람들은 어떤 규칙이 담겨 있을 때 돈을 따고 잃는지 명시적으로 알아차리지 못한다. 그럼에도, 수백, 수천 번 과제를 풀다 보면 점진적으로 승률이 올라간다. 어떤 때 이기고 지는지, 뇌가 암묵적으로 패턴을 배우기 때문이다. 앞서 언급한 시각 학습도 비슷하다. 시각 시스템이 시각 경험을 토대로 강력한 지각 능력을 얻을 수 있었던 것도 실세계가 복잡해 보이지만 거의 언제나 높은 확률로 옳은 피드백을 주었고 이를 암묵적으로 학습했기 때문이다.

그런데 주식시장에서 받는 피드백은 병아리 감별 학습 과정과 카드 과제 풀기와 시각 경험에서 받는 피드백과 크게 다르다. 후자는 거의 매번 정확한 피드백을 주지만, 주식시장은 정확도가 떨어질 뿐만 아니라 때로는 같은 투자에 대해 정반대의 피드백을 주기도 한다. 즉, 주식시장의 피드백은 규칙적이지 않고, 옳은 피드백을 줄 확률이 현저히 떨어진다. 따라서 아무리 학습을 해도 뇌는 스스로 주식시장에서 규칙을 찾아내지 못할 가능성이 높다. 심지어 정반대로 나쁜 학습이 일어날 수 있다. 이런 점에서 주식시장은 '나쁜 선생님'이다.

사람은 감정에 큰 가중치를 두는 경향이 있다. 예를 들어, A라는 투자자가 우연히 1분 만에 8% 급등하는 주식을 발견해 재빨리 샀는데 마침 주가가 10여 분 만에 곧바로 상한가를 기록했을 때를 생각해보자. 1분 만에 8% 급등한 주식이 상한가를 치는 경우도 있지만 대부분은 15%의 상승률을 넘지 못하고 급락을 한 뒤 원래의 자리로 되돌아온다. 급등주가 계속 오를 확률은 낮으므로 이런 주식을 사지 않아야 하지만, 투자자 A는 상한가를 기록한 당시의 상황에서 경험한 엄청나게 좋은 감정에 큰 가중치를 두게 된다. 그리고 이 뒤에도 계속해서 이런 급등주를 찾게 된다. 이 행동은 바로 도박 중독자들의 행동과 정확히 일치한다. 이렇게 주식시장은 좋은 학습 환경이 전혀 아니다. 잘못된 방법으로 아무리 오래 학습을 해봐야 틀린 학습이 일어날 뿐이다.

그럼 어떻게 학습해야 할까? 성공적인 투자자들은 어떤 경로로 학습을 거쳤든 주식시장에서 살아남은 사람들이다. 성공적인 투자자들이 공통적으로 하는 말은 '계획과 원칙을 지키고 돈을 위해 사고팔지 마라'는 것이다. 이 말은 언뜻 잘 이해되지 않는다. 주식을 사고파는 것이 돈을 벌기 위한 일인데 이를 하지 말라고 하기 때문이다. 성공한 투자자들은 그때그때의 손익률보다 미리 세운 계획과 원칙에 따라 자신이 행동하고 있는지에 집중한다. 만일 계획과 원칙을 지켰으면 손해를 봤더라도 성공적인 투자고, 그렇지 못했다면 큰 수익을 얻었더라도 실패한 투자라고 말한다. 자신들이 세운 투자 계획과 원칙을 지키는 것이 장기적으로 훨씬 큰 이득을 가져다준다는 사실을 깨달았기 때문이다.

결국 방법은, 좋은 종목을 고르는 안목을 기르는 것과 함께 투자 계획과 원칙이 몸에 배도록 하는 것이다. 바로 이 점을 학습해야 한다. 투자는 투자 기간에 따라 단기투자, 중기투자, 장기투자로 나뉜다. 적합한 투자 전략도 각기 다르다. 그러므로 투자 방법에 따라 그 분야 전문가의 조언을 듣고, 충분한 준비 과정을 거친 뒤 투자에 나서야 한다.

2장

주식 차트는 어떻게
의미를 갖게 될까?

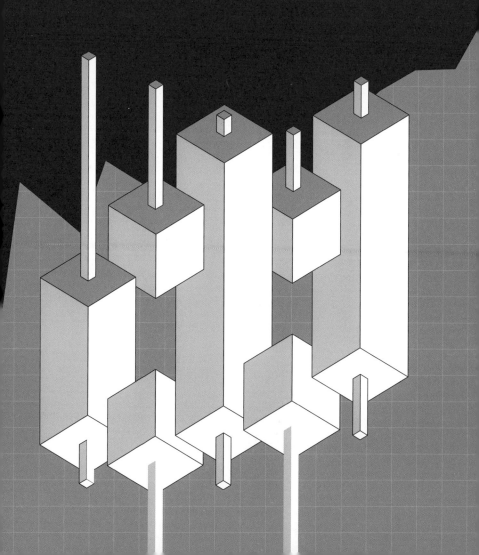

세력은 차트라는 함정을 파고
개미를 기다린다.

창발이란 여러 요소들이 함께 상호작용할 때 나타나는 새로운 현상이다. 창발은 물리, 화학, 생물, 사회, 날씨 등 우리 주변에서 흔하게 볼 수 있다. 원자들이 만나 분자를 이룰 때 분자는 새로운 성질을 갖는다. 물(H₂O)은 수소 원자 두 개와 산소원자 하나가 만나 창발된다. 자동차가 움직이는 것은 수만 가지 부품이 만나 나타나는 창발이다. 사람의 걸음이나 달리기 같은 동작 역시 많은 신체 기관이 땅과 공기 같은 환경과 만나 창발된 것이다. 사회 관습이나 사람들의 집단행동도 여러 개인이 모여서 만들어낸 창발 현상이다. 각 분야의 과학자들은 어떤 요소들이 어떻게 모일 때 어떤 성질이 창발하는지를 찾는다. 창발 현상을 이해하는 데 각 요소의 성질을 분석하는 것은 큰 도움이 되지 않는다. 왜냐하면, 창발 현상은 그 자체로 새로운 현상이기 때문이다.

창발 현상이 규칙적으로 일어나는 분야가 있고 덜 규칙적으로 일어나는 분야가 있다. 화학과 물리학에서는 조건만 맞으면 거의 언제나 같은 창발이 일어난다. 생물학에서는 RNA, DNA, 염색체와 같은 낮은 수준에서는 창발이 매우 규칙적이다. 예를 들어, 복제 동물의 생김새와 성질은 매우 비슷하다. 반면, 심리 수준에서는 규칙적이지 않을 수 있다. 서로 다른 경험은 뇌에서 신경들의 연결이 달라져 성격과 심리가 달라질 수 있다. 더 나아가서 사회나 정치 수준에서 규칙성은 현저히 떨어진다. 사회심리학에서 보고된 수많은 현상이 언제나 예측 가능하게 나타나는 것은 아니다.

ᴵ◄ᴵᵛᴵ 주가는 예측 불가능한 창발 현상이다

주식의 주가 역시, 과거의 자료와 현재의 자료로 예측하기 매우 어려운 창발 현상이다. 주식에서의 많은 실패는 이론이나 규칙으로 주가를 이해하려는 데서 온다. 경제학자, 금융학자, 심리학자, 사회학자가 주식을 잘한다는 이야기는 없다. 이들은 모두 통계적 엄정성을 추구히도록 오랫동안 교육을 받았는데, 이런 관점으로 주가의 변화를 보려는 습성이 있기 때문이다. 주가의 변화를 예측하는 어떤 규칙이 존재했다면, 주식시장은 이미 오래전에 끝났을 것이다. 주가의 변화를 과학적인 시선이 아닌 다른 시선으로 바라볼 필요가 있다.

주식을 매매하는 참여자의 관점에서 주가는 여러 집단의 참여자가 만들어낸 창발이다. 흔히 투자자를 개인, 외국인, 기관으로 나눈다. 기관은 다시 금융투자, 보험, 투자신탁, 은행, 연기금, 사모펀드, 기타법인으로 나뉜다. 개인투자자들과 외국인들도 그 안에서 다양한 특징을 기준으로 나눌 수 있을 것이다. 주가가 창발 현상이기 때문에 각 개인의 성향을 파악하는 것만으로는 주가를 예측하기 어렵다. 하지만, 주가가 창발 현상이라고 보는 시각을 갖는 것은 주가의 불규칙성과 비선형성을 이해하는 데 도움이 된다.

주가의 창발적인 성질은 주가의 급락에서 잘 나타난다. 주가가 갑자기 큰 폭으로 떨어지는 데는 여러 가지 이유가 있다. 가장 흔하게는 물량이 많은 투자자가 다른 투자자들보다 먼저 빠져나가기 위해 시장가로 주식을 엄청나게 팔아치울 때 일어날 수 있다. 매우 드문 경우지만, 팻핑거(fat finger, 살찐 손가락)라 불리는 현상도 있다. 전문 트레이더가 숫자를 혼동해서 엄청나게 많은 물량을 터무니없이 싼 가격에 주문을 내면서 주가의 급락이 일어나는 것이다. 이는 문을 닫을 정도로 회사에 치명적인 손해를 끼쳐 종종 뉴스에 나오기도 한다. 반대로 이 기회를 놓치지 않고 헐값에 주식을 사들인 투자자들은 큰 횡재를 누리게 된다. 이런 급락은 한두 명 투자자의 의도 또는 실수로 일어나므로 창발 현상이라고 보기에는 어렵다.

좀 더 창발적인 급락은 기계들 사이에서 일어날 수 있다. 섬 광충돌(flash crash)이라 알려진 현상은 알고리즘에 기반한 인공지능들 사이에서 일어난다. 이는 손해를 최소화하기 위해 설계된 알고리즘이 순식간에 매수 주문을 연쇄적으로 철회함에 일어나는 주가의 대폭락이다. 2010년 5월, 미국 주식시장에서 기계끼리의 주문 충돌이 발생해 순간적으로 주가가 1,200조 원 가까이 떨어진 일이 있었다. 또한, 창발적 급락은 인간 투자자들 사이에서 일어날 수도 있다. 기계에 의한 섬광충돌과 마찬가지로 한 투자자가 큰 물량을 매도하는 경우, 아주 우연하게 매수 주문이 적어 갑작스럽게 주가가 하락하고 이를 보고 놀란 다른 투자자들이 손실을 최소화하기 위해 손절을 도미노처럼 연쇄적으로 수행할 때 주가가 크게 떨어질 수 있다. 마치 '떽떼구르는 소리'라는 동화에 등장하는 이야기와 비슷한 원리다. 숲속 참나무에서 도토리 하나가 '떽떼구르' 하고 떨어지자 옆에 있던 다람쥐가 깜짝 놀라 뛰기 시작하고, 이를 본 토끼가 놀라 함께 뛰고, 이를 본 사슴이 같이 뛰고, 여우가 뛰고, 호랑이가 뛰고…. 그래서 숲속의 동물 모두가 함께 뛴다는 이야기다.

▙▖▌▌ 주가는 누가 리드할까?

생물학에서는 집단을 리드하는 개체들의 특성을 연구한다. 물고기 떼의 경우 몸집이 상대적으로 크고 배가 더 고픈 개체가 선두에 서서 집단이 나아가는 방향을 바꾼다(Krause 등, 2000). 선두에 선 물고기는 좋은 먹이를 얻을 확률이 높지만 포식자에게 잡힐 확률도 높다. 즉, 리더는 이익과 위험을 함께 갖는다. 그런데 투자자들은 물고기 떼와 다르다. 물고기는 단일한 개체이지만 투자자들은 보유한 물량에서 투자자마다 큰 편차가 있다. 주가는 창발 현상이지만 물량이 많은 세력이 어느 정도 주가를 주도할 수 있다. 반면, 개인투자자들은 다루는 전체 물량이 세력의 물량보다 많을지라도 의사소통에서 단절되어 체계적으로 주가를 움직이기가 어렵다. 또한 개인투자자들은 한 호가라도 더 싸게 사고 비싸게 팔고 싶은 성질이 있어 주식을 지정가로 매매하기를 선호해 주가 변화에 수동적이다. 이런 점에서, 개인투자자들은 양 떼와 같다. 언덕 너머에서 신선한 풀냄새가 바람을 타고 불어와도 선뜻 언덕을 넘지 못하고 망설인다. 간혹 개인투자자들이 주도해 주가를 올리는 경우가 있는데, 15%쯤 올리고 '우리 이래도 되는 거야?' 하고 죄책감에 빠져 더 이상 나아가지 못한다.

반면, 세력이라 불리는 기관투자자, 외국인투자자, 슈퍼 개인투자자는 충분한 돈이 있어 투자를 집약적으로 해 주가를 능동적으로 움직일 수 있다. 세력은 거시적이고 좀 더 멀리 보고 투자를 하기 때문에 시장가 매매를 선호해서 주가를 능동적으로 리드한다. 많은 물량을 가진 투자자가 기대감이 있는 주식을 몽땅 사서 한꺼번에 주가를 20~30% 올려놓은 다음 둥지를 틀고 버티면 그것이 주가가 된다. 다른 세력들이나 대주주가 가만히 눈감고 있으면 그만이다. 이렇게 주가를 올려놓은 다음 하나둘씩 주식을 팔아 시장에 충격을 주지 않으면서 시세차익을 남긴다.

한편, 세력은 중요한 대목에서 개인투자자들이 하기 어려운 일들을 한다. 예를 들어, 동적·정적 변동성 완화장치(Volatility Interruption, VI)를 발동하거나 상한가 직전에 쏟아지는 많은 매물을 소화하며 주가를 강하게 올려야 할 때 세력의 힘은 절대적이다. 개인투자자의 투자금이 훨씬 많을지라도 주가의 리드는 세력의 힘이 세다는 점에서 비대칭적이다. 물고기 떼나 새 떼의 경우 다른 개체들이 선두 개체의 움직임을 실시간을 보며 따라다닐 수 있지만, 주가의 경우 개인투자자들은 세력이 언제 수가를 올릴지 언제 내릴지 알지 못한다. 봉차트, 거래량, 호가 창은 개인투자자들이 세력의 힘을 엿보는 단서다.

▮▯▮▮ 주가 차트, 어떻게 봐야 할까?

'열 마디 말보다 그림 한 장이 강하다'는 말이 있듯이 차트는 한눈에 주가의 흐름을 전달하는 데 매우 탁월한 기능이 있다. 우리나라에서 주로 쓰는 주가 차트는 봉차트(candle chart)다. 봉의 원래 의미는 '막대'(bar)이고, 봉차트는 미국식 막대 차트를 의미하는데, 현재 우리나라에서는 '캔들 차트'를 의미하는 것으로 관습화되었다. 여기에서도 봉차트를 캔들 차트의 의미로 사용하려 한다.

봉차트는 일본에서 1700년대부터 쌀 거래를 위해 개발된 것으로 알려져 있다. 흥미롭게도, 서구에 처음 알려진 것은 1990년대로 상당히 늦다(Nison, 1994). 우리나라도 비슷한 것처럼 보이는데, 실시간으로 제공되는 주가 차트에서 인터넷과 그래픽 처리 속도가 중요하다 점을 생각하면, 지금처럼 활성화된 것은 비교적 최근일 것이다. 봉차트는 얼마간 복잡하기 때문에 중요한 의미를 파악하는 데 최소 몇 주일 정도의 시간이 필요하다. 워런 버핏(Warren Buffett)은 사무실에 컴퓨터도 없고 스마트폰도 사용하지 않는다는 점과 장기간 가치투자만 한다는 점을 미루어봤을 때 아마도 봉차트를 읽지 못할 가능성이 높다.

봉차트에서 시작가와 종가의 폭은 분봉의 몸통으로 표시되고 최고가와 최저가는 꼬리(또는 그림자)로 표시된다. 주가의 변화가 크면 클수록 분봉의 길이와 꼬리가 길어지고 반대로 변화가 작으면 이 네 가지 선분의 길이는 짧아진다. 한편, 이전보다 오를 때는 빨간색으로, 내릴 때는 파란색으로 표시된다. 우리나라에서는 획일적으로 상승을 빨간색 막대로, 하락을 파란색 막대로 표시하는 관습이 있다. 한국거래소에서 제공하는 봉차트의 색도 이 관습을 따르고 있다. 하지만 봉차트를 개발한 것으로 알려진 일본에서도, 그리고 이웃나라 중국에서도 봉차트는 다양한 색으로 표현된다. 미국이나 유럽에서는 검정색, 흰색, 초록색, 파란색 등의 조합이 사용된다.

다음의 [그림 2-1]을 보자. 1분봉차트라고 가정했을 때, 주가는 초기에 하락하다가 상승한 뒤 고점에서 조금 하락해 전체적으로 상승 마감했다. 1분 동안 18회의 매매가 일어났는데 분봉으로 묶일 때는 이를 알 수 없고, 무한 번의 매매가 연속으로 일어난 것으로 표현된다. 즉, 매매 자체는 어느 시점에서 일어나는 이산적인 사건이지만, 분봉에서는 1분 안에서 연속적으로 일어난 사건으로 바뀐다.

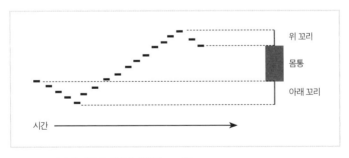

위 꼬리
몸통
아래 꼬리

시간

[그림 2-1] **시간에 따른 주식매매의 봉차트 표현.**

하나의 봉은 그 자체로 일종의 조직화된 결과다. 즉, 여러 지점에서 일어난 거래들이 집단화되어 나타난 단위다. 특정 지점의 주가 자체는 하나의 점으로, 거의 무의미하다. 의미는 비교에서 발생한다. 최소한 두 개 이상의 점이 있어야 주가가 올랐는지 내렸는지 또는 그대로인지 그 의미를 알 수 있다. 점이 두 개를 넘어 여러 개일 때 주가의 형태나 패턴이 나타나고 더 큰 의미가 발생한다. 1분봉은 스마트폰 매매 앱에서 볼 수 있는 가장 작은 단위의 봉이다. 분봉은 1분에서 2분, 3분… 등으로 길어지며 각각은 그 시간의 해상도에서 일어나는 거래를 보여준다. 각 봉은 꼬리와 몸통의 상대적 길이로 매수세가 강한지 매도세가 강한지의 의미를 담고 있다. [그림 2-2]에서 십자 형태의 '도지'(doji) 차트처럼 몸통이 작을수록 매수세와 매도세가 치열하게 대치 중이고, 꼬리가 작고 몸통이 길수록 매수세 또는 매도세가 강함을 의미한다.

분봉은 일정한 시간마다 막대가 하나씩 생기면서 오른쪽에

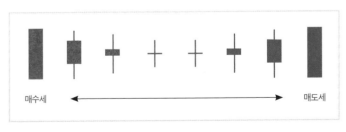

[그림 2-2] **봉차트에서 매수세와 매도세의 의미.**

서 발생하고 이전의 분봉들은 왼쪽으로 밀려난다. 주가 분봉은 시간에 따라 계열적으로 발생해 쌓이면서 셀 수 없이 다양한 모양의 패턴을 만든다. 이 패턴은 지각적으로 조직화되고 새로운 의미를 갖게 된다. [그림 2-3]에서 볼 수 있듯이, 기술적 분석은 매매 타이밍을 포착하는 데 중요한 과정이다. 표준적 설명에 따르면 주가가 상승하다 몸통이 짧아질 때가 고점이므로 이때 매도하고, 주가가 하락을 하다 몸통이 짧아지는 자리가 저점이므로 매수를 해야 한다.

그러나 주가의 흐름을 연속적으로 보는 것 자체가 거대한 착시다. 주가는 매 순간 벌어지는 이산적인 사건일 뿐 앞뒤 사건과 아무런 관련이 없기 때문이다. 다만 우리의 시각 시스템이 작동해 연속적인 흐름으로 보는 것이다. 이것은 실세계에서는 옳은 판단이다. 왜냐하면, 실세계의 어떤 물체도 다

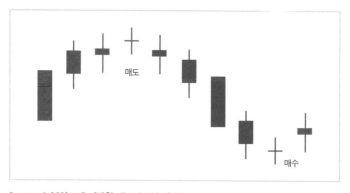

[그림 2-3] **봉차트에 기반한 매도와 매수 추천.**

른 물체에 가려서 안 보였다가 나타나는 경우는 있어도 갑자기 존재 자체가 사라졌다가 나타나는 경우는 결코 없기 때문이다.

▐▌▐▐ 봉차트는 이렇게 조직화된다

눈의 망막 위에 맺힌 상 자체는 1억 개가 넘는 빛 탐지 세포를 자극하고 있는 작은 점들에 불과하다. 그렇지만 우리에게 바깥세상은 무질서한 점들로 가득 찬 것으로 보이지 않는다. 그저 땅이나 벽을 배경으로 물체들이 배열되어 있는 것으로 보인다. 독일의 심리학자 막스 베르트하이머(Max Wertheimer)는 시각 처리의 초기 단계에서 눈에 맺힌 이미지의 특징에 따라 부분들이 조직화될 것이라고 제안했다. 그는 형태가 만들어지는 지각적 규칙을 찾고자 노력했는데, 이를 '조직화 원리' 또는 '집단화 원리'라고 한다(Wertheimer, 1923). 게슈탈트 심리학자들에게 조직화나 집단화를 거쳐 발생되는 전체 형상은 창발현상이다.

좀 더 간단히 이해하기 위해 [그림 2-4]를 보자. a로 눈을 돌리자마자 약간 기울어진 검은색 사각형이 보인다. 이것이 뇌에서 매우 짧은 순간에 어떤 과정을 통해 일어나는지 잘 알

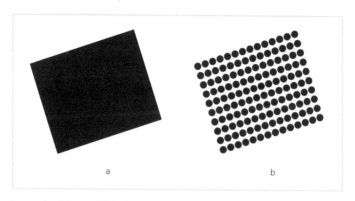

[그림 2-4] **지각적 조직화의 예. a는 b로 표현될 수 있다.**

기는 어렵지만, 적어도 두 가지 단계가 필요하다. 첫 단계에서, 검은색 사각형을 보기 위해서는 흰 바탕과 검은색 영역이 구분되어야 한다. 검은색 사각형 영역은 b처럼 작은 점들로 표현될 수 있다. 그리고 주변의 흰색 바탕 영역도 작은 흰 점들로 표현될 수 있을 것이다. 게슈탈트 심리학에서는 어떻게 한 물체 영역과 다른 물체 영역이 구분되는지에 대해 조직화 원리를 이용해 실빙한다. 대표적인 원리들로 근접성, 유사성, 대칭성, 좋은 연속, 연결성, 반복성, 공동 영역, 공동 운명이 있다.

두 번째 단계에서, 검은색 영역이 어떤 형태인지를 파악하는 과정이 필요하다. 점, 선, 동그라미가 만나 삼각형이나 얼굴 같은 새로운 형태가 창발하는데, 이를 '게슈탈트'(gestalt)로 부르기도 한다. 게슈탈트는 전체, 총체, 형상 등 여러 가지 의미를 가진 독일어다. 우리나라에서 게슈탈트 심리학을 '형태주의 심리학'이라고 소개하는 이유이기도 하다.

게슈탈트 조직화 원리들은 시각 장면에 우선 적용되지만 청각이나 촉각 같은 다른 감각에서 자극이 처리되는 과정에도 적용된다. 먼저 각각의 원리가 무엇인지 살펴보고 이 원리들이 어떻게 분봉차트를 볼 때 적용되는지 생각해보자.

근접성, 가까울수록 같은 집단

'근접성(proximity) 원리'는 거리가 가까운 요소들이 한 집단으로 지각되고 먼 요소들은 다른 집단으로 지각되는 경향이다. [그림 2-5]에서 a의 점들은 서로 간격이 비슷해 어느 한 방향으로 집단화가 잘되지 않는다. 반면, b와 c에서 거리가 가까운 점들끼리 집단화되어 각각 가로열과 세로열로 지각된다. 근접성은 조직화 원리 가운데에서 가장 강력하다고 평가된다. 이 예에서는 요소를 점으로 표현했지만 선분이나 다른 구체적인

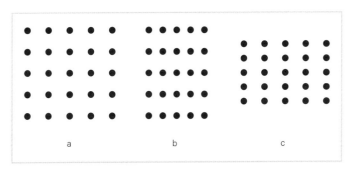

[그림 2-5] **근접성에 따른 집단화.**

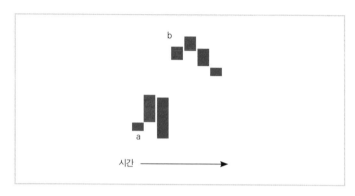

[그림 2-6] 근접성에 따라 a의 세 분봉과 b의 네 분봉이 따로 집단화된다.

형태의 물체에도 적용된다.

　근접성의 원리를 주가의 분봉차트 지각에 적용해보자. 분봉들은 거리적 근접성에 따라 집단화될 수 있다. 1분봉은 1분을 단위로 하나씩 형성되며 시간의 끝과 시작 사이에 큰 주가 변동이 있을 때 주가의 갭이 발생해서 분봉 끝과 끝이 거리적으로 멀어지게 된다. [그림 2-6]은 이를 나타내는데, 왼쪽 아래의 세 분봉과 오른쪽 위의 네 분봉 사이에 거리가 존재한다. 이에 따라 두 개의 집단으로 조직화되며 두 집단이 다른 의미를 갖는다. 즉, 집단 a는 주가가 낮은 수준에서 벌어지는 사건, 집단 b는 주가가 높은 수준에서 벌어지는 사건으로 차별화되어 집단화된다.

유사성, 성질이 비슷할수록 같은 집단

'유사성(similarity) 원리'는 요소들의 지각적 성질이 비슷할수록 한 집단으로 묶이려는 성질을 말한다. 지각적 성질이란 색, 모양, 두께, 크기 등을 말한다. 다음 [그림 2-7]은 요소의 크기와 색에 따라 가로열로 지각되는 예를 보여준다. 만일 요소들의 거리가 비슷하다면 유사성에 따라서 집단화될 가능성이 커진다.

분봉들은 색이나 모양의 유사성에 의해서도 집단화될 수 있다. 첫째, 색에 따른 유사성이 가능하다. 예를 들어, [그림 2-8]에서 왼쪽의 분봉들과 오른쪽의 분봉들은 빨간색과 파란색의 유사성에 따라 서로 다른 집단으로 분리될 수 있다. 특히

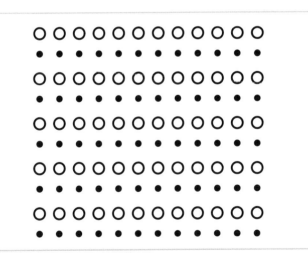

[그림 2-7] 유사성에 따른 집단화.

시간 ⟶

[그림 2-8] 색의 유사성에 따라 왼쪽 세 개의 막대와 오른쪽 세 개의 막대가 따로 집단화된다.

요소 a를 보라. 이 요소는 왼쪽과 오른쪽의 이웃한 요소와 거리가 비슷하지만, 색의 유사성으로 인해 왼쪽으로 집단화된다. 즉, 다른 모든 조건이 동일하다면, 유사성에 따라 집단화될 수 있다. 빨간색 긴 분봉은 빨간색 짧은 분봉에 집단화되려는 경향이 조금 줄어 파란색 긴 분봉과 집단화될 수 있다. 이때 투자자는 하락이 끝나고 상승이 이어질 것으로 기대하고 매수를 할 수 있다.

둘째, 분봉의 형태적 유사성은 집단화 요인이 될 수 있다. 주가의 변화 폭이 비슷할 때 비슷한 길이의 분봉이 만들어지고 길이에 따라 다르게 집단화될 수 있다. [그림 2-9]에서, 왼쪽의 네 분봉은 주가의 변동이 심해 길이가 길고 오른쪽의 분봉은 주가의 변동이 적어 분봉 길이가 짧다. 따라서 분봉들은 집단 a와 b로 나뉘어 집단화된다. 투자자는 앞으로 주가의 큰 변화가 끝나고 주가가 안정적으로 유지될 것이라고 예상할 것이다.

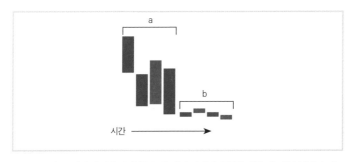

[그림 2-9] 형태의 유사성에 따라 왼쪽 네 개의 막대와 오른쪽 작은 네 개의 막대가 따로 집단화된다.

대칭성, 대칭을 이룰수록 같은 집단

'대칭(Symmetry)의 원리'란 요소들이 서로 대칭을 이룰 때 눈에 잘 띄고 서로 집단화되려는 경향을 말한다. [그림 2-10]의 a는 왼쪽의 점 다섯 개와 오른쪽 점 다섯 개가 서로 대칭을 이루는데, 전체적으로 하나의 집단으로 조직화된다. b에서도 불규칙한 두 도형이 대칭을 이룰 때 규칙을 갖게 되어 하나의 집단으로 지각될 가능성이 크다.

주가 차트의 분봉들은 종종 대칭을 갖는다. c에서 볼 수 있

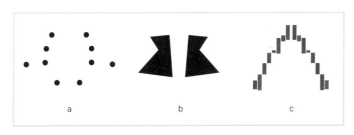

[그림 2-10] 대칭에 따른 집단화.

듯이, 비슷한 시간에 걸쳐 주가의 상승과 하락이 대칭을 이루며 나타나면 쉽게 눈에 띈다.

좋은 연속, 부드럽게 배열될수록 같은 집단

'좋은 연속(good continuation)의 원리'는 요소들의 배열 방향이 부드러울수록 한 집단으로 묶이려는 성질을 말한다. [그림 2-11]에서 선 a와 선 b가 하나로, 선 c와 선 d가 하나로 묶인다. 여기에서는 이해를 돕기 위해 요소를 선으로 표현했지만 점으로 표현해도 마찬가지다.

분봉들은 같은 방향으로 배열될 때도 좋은 연속을 생성한다. [그림 2-12]의 a에서, 분봉들은 우상향을 향해 배열되어 있고, b에서 분봉들은 우하향으로 배열되어 있다. 비록 색깔과 모양이 조금씩 다를지라도 전역적인 수준에서 좋은 연속에 따라 하나로 묶인다. 투자자는 이를 바탕으로 주가가 오를 것으

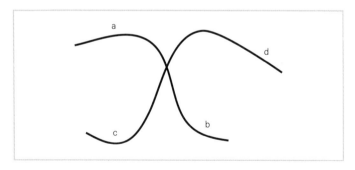

[그림 2-11] **좋은 연속의 집단화. a는 b와 집단화되고 c는 d와 집단화된다.**

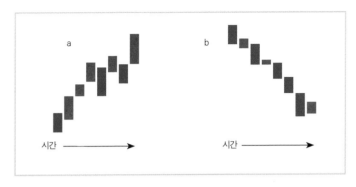

[그림 2-12] 주가 차트에서 좋은 연속에 따른 집단화의 예.

로(a), 또는 주가가 내릴 것으로(b) 예측하고 주식을 매매할 수 있다.

좋은 연속의 원리는 주가 예측에서도 가장 강력하게 작용한다. 순간순간 일어나는 각각의 주가는 앞뒤의 주가와 인과관계가 없는 독립적인 사건이다. 경제학 원리에 따르면, 주가는 매 순간 공급과 수요 법칙의 작용으로 일어날 뿐이다. 그렇지만 현실은 다르다. 주가 차트를 보고 매매를 하는 투자자들은 지금 바로 일어나고 있는 주가의 흐름을 보고 매매를 결정하므로 앞의 주가는 뒤에 이어지는 주가를 추론하는 데 심리적 원인이 될 수 있다.

다음의 [그림 2-13]에서 두 가지 경우를 생각해보자. 각각의 검은 점을 1분 동안의 평균주가라고 하자. a에서 주가는 오름 추세인데, 이를 보고 투자자는 주가가 계속 오르다가 조금

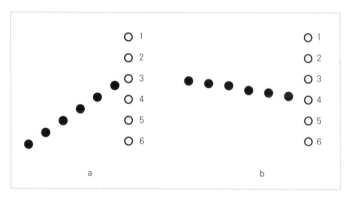

[그림 2-13] 좋은 연속의 원리에 따른 주가 예상.

뒤 1, 2, 3번 위치에서 형성될 것으로 기대하고 매수할 것이다. 반면 b의 상황이라면, 주가는 내림 추세고 조금 뒤 주가가 4, 5, 6번에서 형성될 것으로 기대하고 매수를 주저할 것이다. 즉, 투자자는 좋은 연속의 원리를 이용해 주가를 예측하는 것이다. 그렇지만 두 경우 모두 주가는 1번에서 6번 어느 지점에서든 형성될 수 있다.

실세계에서 부생물이나 생물은 어느 순간 갑작스럽게 나타났다 사라지는 것이 아니라 연속적인 시간과 공간 속에서 '한 덩어리'로서 일관성 있게 움직인다. 가파르게 상승하는 주가를 보면 계속해서 같은 방향으로 일관되게 움직일 것이라는 강한 믿음이 생긴다. 이 믿음 때문에 세력의 속임수에 걸리게 된다. 여기에서 세력이란 주가를 견인하는 주요 투자자들로 전문 투자자뿐만 아니라 개인투자자도 될 수 있다.

때로는 주식시장에서 호재나 악재 등으로 주가의 상승이나 하락이 확실시되곤 한다. 이럴 때는 누가 먼저 주문을 내느냐에 따라 큰 수익을 내거나 손실을 덜 볼 수 있다. '교보증권 광클맨' 사례는 매수 주문을 빨리 내서 큰 수익을 낸 경우다. 2021일 3월 18일 SK 바이오사이언스가 상장되었고 장이 열림과 동시에 주가는 16만 9,000원인 상한가로 직행했다. 시장의 큰 기대를 받았기 때문에 상장 전부터 주가가 크게 오를 것이라고 예상되었다. 주가가 상한가에 접어든 이후에는 만일 팔릴 주식이 나오면, 먼저 사겠다는 사람들부터 주식이 돌아간다. 이때, 교보증권 창구를 이용한 투자자가 시중에 나온 물량의 70% 이상을 매수했는데 액수로는 895억 원 정도였다. 무수히 많은 투자자들이 있고 모두가 최대한 빠르게 매수 주문을 냈을 텐데 특정 증권사를 이용한 투자자가 70% 이상을 매수한 것은 우연이라고 보기 어렵다. 주문 속도에서 아주 특별한 기술이 있었을 것이다. 이를 두고 교보증권 광클맨이라는 별명이 붙게 되었다. SK 바이오사이언스는 기세를 몰아 다음 날도 주가가 폭등했고, 교보증권 광클맨은 장초에 모두 되팔아 72억 원의 시세차익을 얻은 것으로 추정되었다. 하지만 주가는 이내 폭락했고 그 피해는 개인투자자들에게 돌아간 것으로 보인다.

주문 속도 기술의 우위를 이용해 좀 더 적극적으로 돈을 챙기는 회사도 있다. 미국 뉴욕에 있는 시타델(Citadel) 증권사가 대표적인데, 이 회사는 주문을 초고속으로 내는 고빈도매매(high frequency trading)를 전문으로 한다. 고빈도매매는 기계가 하는 초단타매매 또는 스캘핑매매다. 슈퍼컴퓨터를 기반으로 알고리즘을 통해 구동되는 인공지능이 매매 주문을 내는데, 이론적으로 1억 분의 1초로도 가능하다. 사람의 경우 눈으로는 상황을 보고서 매매 판단을 하고 손가락으로 매매 주문을 누르기까지 아무리 빨라도 1초 이상은 걸린다. 반면, 기계의 관점에서 1초는 엄청나게 긴 시간으로 이 사이에 셀 수 없이 많은 주문을 반복할 수 있다. 시타델에는 통계학 박사들이 많이 고용되어 있는데, 이들의 주요 업무는 프로그래밍 전문가와 매매 알고리즘을 만들고 개선하는 일이다. 평소에는 수십 대의 모니터 앞에서 전 세계에 투자한 돈이 어떻게 수익을 창출하는지 모니터링할 뿐이다. 바다 건너 한국에서 데이트레이딩을 하는 개인투자자들은 이런 엄청난 경쟁자와 매일 싸우고 있는 것이다!

언론에 따르면, 2017년 10월부터 2018년 5월까지 시타델은 메릴린치 창구에서 알고리즘을 이용해 1초에 수백, 수천 번의 주문을 내 주가를 올리고 1~2%가량 수익을 얻은 뒤 재빨리 되파는 수법으로 2,200억 원의 차익을 챙겼다. 고빈도매매가 불법인지 합법인지에 대한 논란은 뜨겁지만, 개인투자자들에게 불공평하게 보이는 것은 사실이다. 고빈도매매를 막기 위해 매매 사이에 일정한 간격을 두는 시스템을 도입해야 한다는 의견도 많다. 일종의 과속방지턱인 셈이다. 실제로 미국의 투자자거래소(Investors Exchange, IEX)는 고빈도매매로부터 개인투자자들을 보호할 목적으로 2016년 설립되었는데, 매매 주문 시 과속방지턱을 두고 있다. 하지만 고빈도매매가 시장에서 매매를 부추기는 순기능도 있기 때문에 고빈도매매를 금지하자는 목소리가 큰 힘을 얻지는 못하고 있다.

고빈도매매 기술을 이용하는 증권사들도 요즘에는 과거처럼 불법성이 있는 방법으로 투자를 하지는 않는다. 구체적으로 어떤 식으로 투자를 하는지 기법들이 잘 알려져 있지 않지만, 뉴스를 이용한 시황매매가 한 가지 가능성이다. 예를 들어, '세계 최초', '임상 3상 성공' 등 주가 상승과 관련이 큰 키워드를 포함한 뉴스가 뜬 뒤 대략 1% 이상 주가가 오르면 주식을 일단 매수했다가 주가가 어느 정도 상승하면 재빨리 되팔아 시세 차익을 얻는 식이다. 즉, 하루에도 몇 십만 원 벌 수 있는 방법을 소개하고 있는 주식 책에서 볼 수 있는 스캘핑 투자법을 흉내 내는 것이다. 인간을 따라 하는 것이지만 인간보다 훨씬 빠르다. 뿐만 아니라 몇 초도 안 되는 짧은 시간에 매매의 양과 속도를 계산하는 것은 답이 확실하게 있는 문제라서 인간을 충분히 농락할 수 있다.

연결성, 연결되면 같은 집단

'연결 원리'(connectedness)는 요소들이 연결되면 하나의 단위로 묶여 지각되는 것을 말한다. 아래 [그림 2-14] a에서 점들은 서로 간격이 비슷해 어느 한 방향으로 집단화가 잘되지 않는다. 반면, b에서는 점들이 선으로 연결된 가로열로 묶여서 지각된다. 심지어 c처럼 거리가 멀어도 연결된다면 한 집단으로 지각될 만큼 강력하다. 이어지는 연결 부분이 반드시 선일 필요는 없다. 자전거는 많은 부속이 그 자체로 각각의 물체이면서 연결된 집단이기도 하다.

연결의 원리는 주가 차트에서도 볼 수 있다. 주가 막대는 몸통과 꼬리로 구성되는데 몸통과 꼬리가 연결되어 하나로 지각된다. 또한 봉들은 이동평균선에 따라 연결될 수 있다. 이동평균선은 일정 시간의 주가를 평균해 나타낸 선분이다. 시간이 긴 이동평균선일수록 부드러운 형태를 띠고 짧을수록 각

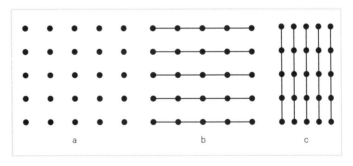

[그림 2-14] **연결 원리에 따른 집단화.**

주가 막대 위치와 가까워져 덜 부드러운 성질이 있다. 이동평균선으로 연결된 막대들은 좀 더 강력하게 집단화된다. [그림 2-15]에서, b의 막대들보다 c의 막대들이 더 강하게 집단화되어 주가의 흐름이 분명해진다.

연결의 원리는 다른 집단화 원리를 압도하기도 한다. [그림 2-16]에서 막대 A는 형태와 색에서 B와 더 비슷하지만 이동평균선으로 연결된 C와 더 잘 집단화되고 상승의 의미가 더 강해진다. 반면, B와 다른 막대들은 A, C와 분리되어 의미가 약한 것으로 지각된다.

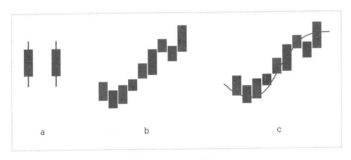

[그림 2-15] 주가 차트에서 연결 원리에 따른 집단화의 예.

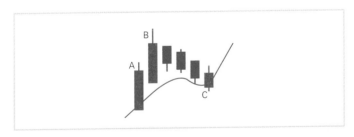

[그림 2-16] 주가 차트의 이동평균선에 따른 집단화.

반복성, 패턴이 되풀이될수록 같은 집단

특정 형태나 패턴이 반복되면 눈에 쉽게 띄고 집단화되는 경향이 있는데, 이를 '반복(repetition)의 원리'라 한다(van der Helm & Treder, 2009). 앞에서 본 대칭 역시 일종의 반복으로 볼 수 있다. [그림 2-17]의 a에서, 두 점들은 아래와 위에서 규칙적으로 번갈아 제시되어 통일감 있고 단순하게 지각된다. 반면, b에서 각각의 점은 산만하고 들쭉날쭉하게 제시되어 통일감이 떨어지고 복잡하게 지각된다. c의 각 요소는 그 자체로 불규칙한 형태이지만 반복적으로 배열되어 전체적으로 규칙이 있는 것처럼 지각된다.

분봉차트는 종종 지각적 성질이나 패턴이 반복되곤 한다. 예를 들어, 1분봉차트에서 세 번 오르고 세 번 내리는 반복이 나타나곤 한다. 또는 분봉들이 패턴을 이루며 반복을 나타낼 수도 있다. [그림 2-18]에서는 주가가 오르고 내리기를 반복

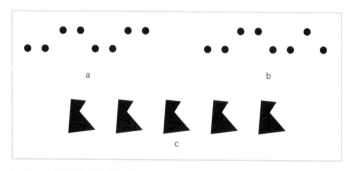

[그림 2-17] 반복 원리에 따른 집단화.

[그림 2-18] 주가가 규칙적으로 오르고 내리기를 반복하면서 우상향하는 모습을 도식화한 예.

[그림 2-19] 실제 주가 차트에서 나타난 반복적 패턴의 예(50틱).　　　　출처: 키움증권

하면서 점진적으로 우상향하고 있다. 차트에서 반복 규칙을 발견한 투자자는 다음번에도 패턴이 반복될 것으로 기대하고 매수나 매도를 할 가능성이 크다([그림 2-19]).

공동 영역, 한 범주 안에 있으면 같은 집단

공동의 공간이나 테두리 안에 놓인 요소들은 서도 집단화되는 경향이 있는데, 이를 '공동 영역(common region)의 원리'라고 한다(Palmer, 1992). 다음 [그림 2-20]의 a에서 점들은 동일한 거리를 두고 떨어져 있어 집단화가 균등하게 일어난다. 그런데 b에서는 타원형의 테두리에 따라 세 개씩 집단화된다. c에서는 가운데 놓인 선분 하나로 가리키는 도시의 방향이 반대가 될 수도 있다. 공동 영역은 이처럼 매우 강력한 조직화 원리인데, 심지어 근접성이나 유사성의 원리를 압도하기도 한다.

공동 영역의 원리는 봉차트에도 적용될 수 있다. 대표적으로 이동평균선은 공동 영역 경계의 역할을 하는데, 이 경계를 중심으로 손절매의 기준이 제시되기도 한다. [그림 2-21]의 a와 b에서 화살표로 표시된 막대는 이동평균선으로 인해 위에 있는 막대들이나 아래에 있는 막대들과 집단화가 달라진다. 또 다른 공동 영역의 경계는 날짜를 구분하는 수직선이다.

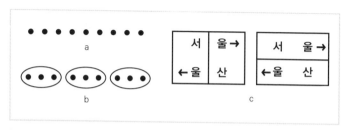

[그림 2-20] **공동 영역 원리에 따른 집단화의 예.**

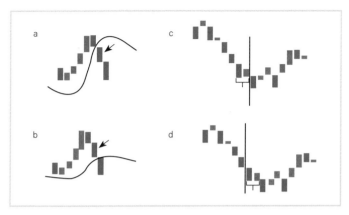

[그림 2-21] 주가 차트에서 공동 영역 원리의 예.

예를 들어 c와 d에서, 막대들은 날짜 구분선으로 집단화가 달라지는데 맥락에 따라 의미가 다를 수 있다. c에서 묶음 표시된 두 막대 구간은 하락의 의미를 갖지만, d에서는 상승의 맥락에서 바닥 다지기 같은 긍정적 의미를 갖는다.

주가는 많은 매물을 경험한 지점을 기준으로 위로는 지지선, 아래로는 저항선으로 나뉜다. 이것은 투자자들의 기억 때문이다. 주가가 오르다 매물대를 만나 소화하지 못하고 아래로 밀리면, 이 지점은 저항선이 된다. 일단 후퇴한 뒤 전열을 가다듬는다. 다시 주가가 위로 상승하지만 이전 매물대 근처에서 두려움이 생긴다. 그러나 저항선이 뚫린 이후에는 투자자들은 자신감을 갖고 주가를 상승시킨다. 그리고 주가가 하락할 때 이 지점 밑으로는 더 이상 내려가지 않을 것이라는

최고 90,800 (-0.22%, 11:36)

저항선

지지선

최저 87,000 (4.14%, 10:06)

90,800
90,600
3 0.00%

89,850

2

88,900

1

87,950

87,000

[그림 2-22] **공동 영역 원리에 따른 저항선과 지지선의 구분(1분봉).**　　출처: 키움증권

심리적 지지선의 의미를 갖는다. 지지선과 저항선을 중심으로 아래쪽과 위쪽의 막대들은 서로 다르게 집단화된다. [그림 2-22]에서 1, 2, 3번의 선분을 중심으로 분봉들은 세 영역으로 나뉘어 집단화된다.

공동 운명, 한 방향으로 움직이면 같은 집단

요소들이 동시에 같은 방향으로 움직이면 한 집단으로 보이는데, 이를 '공동 운명(common fate)의 원리'라 한다. [그림 2-23]의 a에서 점들이 가만히 있을 때는 서로 잘 구분되지 않다가 b처럼 몇 개의 점이 동시에 움직이는 순간, 가만히 있는 점들로부터 분리되어 다른 집단으로 지각된다.

　자연에서 동물들은 가만히 있을 때 주로 배경과 잘 구분되

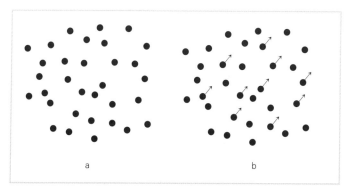

[그림 2-23] **공동 운명의 원리.**

지 않는 곳에 있음으로써 위장을 한다. 움직이는 순간 몸이 드러나는데, 공동 운명의 원리가 얼마나 강력한지는 이를 통해 유추할 수 있다. '자라 보고 놀란 가슴 솥뚜껑 보고 놀란다'는 속담에서, 자라가 물이나 풀 위에 가만히 있으면 잘 드러나지 않지만, 움직이는 순간 사람들은 예상치 못한 움직임에 깜짝 놀라게 된다.

주식 차트에서 공동 운명 원리는 두 개 이상의 차트가 한 방향으로 움직일 때 살펴볼 수 있다. 예를 들어, 분봉차트와 거래량 막대가 함께 움직일 때, 두 개의 주가 창을 화면에 띄웠는데 동시에 같은 방향으로 주가가 오를 때, 그리고 호가 창에서 숫자들이 아래 방향으로 함께 내려갈 때 확인할 수 있다.

▐▌▌▐▌ 좋은 연속의 유혹

2021년 8월 31일, 바이오 관련 기업 R사는 마이크로 니들 이슈로 주가가 20일 넘게 급등 중이었다. 이 기간에만 주가는 31,000원에서 80,000원으로 뛰었다. 마이크로 니들이 코로나19 백신주사를 접종할 시 발생할 수 있는 혈전 부작용을 줄여준다는 호재가 있었기 때문이다. 8월 30일 주가가 추세선을 이탈하려는 날, 회사는 오후 5시 30분경 화장품 사용에 이용할 수 있는 마이크로 니들 특허 공시를 냈다. 다음 날 아침, 공시에 힘입어 주가는 6% 이상 상승하기 시작했다. 그런데 오전 11시경 주가가 엄청난 급락을 시작하더니 고점 대비 29% 이상 하락했다. 온라인 종목토론방에 모인 사람들은 정확한 원인을 몰라 발만 동동 굴렀다. 뒤늦게 대주주 매도설에 따른 풍문이 떠돌았다. 아마도 일부 노련한 세력이 이 회사를 담딩하는 승권사에서 갑작스럽게 나온 7억 원 상당의 매물을 보고, 대주주의 소행임을 추정했을 것이다.

다음 날 9시를 넘어, 주가는 추가로 18% 이상 하락해 이틀 동안 거의 50% 가까이 빠졌다. 이때, 회사에서 우리사주를 받은 퇴사 직원 세 명이 전날 오전 10,000주가량(7억 원 상당)의 주식을 매도했지만, 대주주 매도는 없었다는 사실을 부랴부랴 언론과 홈페이지를 통해 해명했다([그림 2-24]). 그렇지만 특정

[그림 2-24] **바이오 관련 기업 R사의 주가 변화(60분봉).**   출처: 다음 금융

시점에 한꺼번에 나온 7억 원어치의 매물은 주가에 찬물을 끼얹기에 충분하다.

일반 개인투자자들은 토론방에서 그 누구도 대주주 매도에 대한 이야기를 하지 않았다. 그렇다면 정보력이 있는 큰손들이 대주주가 대량 매도했다는 풍문을 듣고 앞다퉈 주식을 대거 처분해 주가가 급락한 것으로 추정된다.

대주주 매도는 가장 큰 악재 중 하나다. 이것은 자신의 회사가 그만큼 가치가 없음을 증명하거나 떨어질 사건이 발생했음을 암시하기 때문이다. 그런데 더 이상한 점은 매매 동향을 살펴보면, 하루 전날 외국인이 45억 원어치를 순매도했고 개인이 51억 원어치를 순매수했다는 점이다. 외국인이 어떻게 다음 날 주가가 크게 빠질 것을 알았을까? 아니면 단순한 우연이었을까? 개인투자자들은 주가의 일봉이 보이는 좋은 연속을 보고서 매수했을 가능성이 크다.

다음 날 아침, 회사의 해명으로 주가 하락은 진정되고 반등이 시작되었다. 하지만 이 과정에서 일반 개인투자자들이 얼마나 큰 피해를 봤겠는가? 이런 풍문조차 일반 개인투자자들에게는 잘 전달되지 않는 것처럼 보였다. 과연 정보력이 빠른 외국인과 일부 큰손들이 풍문을 듣고 주식을 매도하면서 벌어진 단순한 해프닝이었을까?

많은 개인투자자는 회사에 의심의 눈초리를 보냈다. '어떻게 회사에서 특허 공시를 내고 다음 날 퇴사 직원 세 명이 동시에 고점에서 주식을 팔 수 있었을까?'라는 그들의 의문은 당연해 보인다. 개인투자자들이 이런 상황에 대처하는 것은 너무 어려운 일이다.

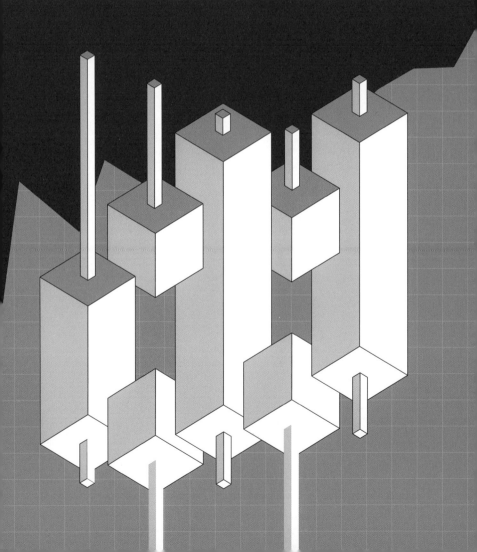

3장

차트는 지식에 따라서도
조직화된다

기대가 있어 실망이 있다.

앞서 2장에서 조직화의 원리에 대해 살펴봤다. 이 원리들은 대체로 자극 자체의 특징에 따라 조직화가 결정된다. 그러므로 관찰자의 주관적 힘보다는 자극과 초기 시각 처리의 자동적인 힘에 더 의존하는 경향이 있다. 이렇게 자극에 기반한 처리를 '상향적 처리'(bottom-up processing)라 한다. 이와 달리, 관찰자의 지식이나 경험에 따라 조직화될 수도 있는데, 이를 '하향적 처리'(top-down processing)라 한다. 이렇게 두 가지 처리를 따로 구분하지만, 일상의 시각 처리 과정에서 이 둘은 거의 언제나 동시에 함께 작동하기 때문에 따로 떼서 이해하기는 어렵다. 다만, 개념적으로 이 둘은 차이를 보일 수 있다. 이 장에서는 주가 차트의 하향적 처리에 대해 살펴보자.

♯♮♯ 경험적 보기

조직화는 이전에 본 적이 있는 경험이나 습관, 언어적 지시에 따라서 발생할 수 있는데, 이를 '과거 경험(past experience)의

[그림 3-1] 과거 경험과 달마시안.

원리'라고 한다. [그림 3-1]은 처음 보는 사람에게는 무의미한 점들의 배열로 보인다. 하지만 정원의 땅에 코를 박고 킁킁대는 달마시안의 뒷모습을 알아차린 뒤에는 정원과 달마시안이라는 물체로 점들이 유기적으로 조직화된다(만일 보이지 않는다면 이 장의 끝 페이지를 참조하라). 그리고 한번 이렇게 인식하고 나면 그림을 뒤집어도 그렇게 보인다. 이처럼 과거 경험의 원리는 무질서한 요소들이 지식에 따라 조직화되는 것을 설명한다.

분봉차트 역시 지식에 따라 조직화될 수 있다. 주로 알파벳으로 표현되는데, M자 형, N자 형, S자 형, V자 형, W자 형 등 다양하다. 이때 형태 안에 들어 있는 봉들은 강력하게 집단화되고 형태 밖에 있는 봉들은 무의미하고 무작위로 발생한 것으로 처리된다.

⊪⊪⊪ 맥락적 보기

대상은 주변의 맥락에 따라 의미가 달라질 수 있는데 이를 '맥락 효과'(contextual effect)라 한다. 아래 [그림 3-2]에서 가운데 낱자는 a에서는 H로 b에서는 A로 지각된다. 일상에서 우리가 보는 대상들은 단독으로 제시되는 경우는 거의 없고, 엉뚱한 장소에 제시되는 경우도 거의 없다. 자동차는 도로 위에 있고 사람들과 나무들은 땅 위에 있고 컵은 탁자 위에 있다. 이렇게 물체들은 서로의 맥락이 되어 함께 제시되며, 그럼으로써 멀리서도 알아볼 수 있다.

주가 분봉차트의 각 봉은 단독으로 제시되지 않고 다른 봉들과 함께 제시되어 맥락적 의미를 갖는다. 다음의 [그림 3-3]에서 파란 봉 두 개와 빨간 봉 한 개는 각각 다른 의미를 갖는다. a에서 이 세 봉들은 상승에서 나타나는 눌림목으로 해석되고, b에서는 하락 추세에서 일시적인 반등으로 해석된다. c에

TAE EAT
a   b

[그림 3-2] **맥락 효과를 보여주는 예.**

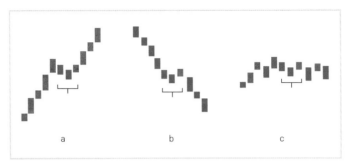

[그림 3-3] 주가 차트에서 나타나는 맥락 효과.

서는 특별한 의미 없이 무작위로 나타나는 작은 사건으로 해석된다.

분봉들은 서로 인과적인 관계에 있지 않다. 즉, 앞뒤의 주가가 서로 인과적으로 관계를 맺고 있는 것은 아니며, 주가는 그 순간순간 독립적으로 일어나는 사건일 뿐이다. 다만, 분봉들은 어느 정도 상관관계에 있을 수 있다. 주가가 상승할 때와 하락할 때 분봉들은 같은 방향으로 움직이는 경향이 있다. 하시만 수가는 갑작스럽게 반등하거나 급락하는 경우가 아주 빈번하기 때문에 상관관계가 아주 높다고 말하기는 어렵다. 주가에서 맥락은 공간적인 의미뿐만 아니라 시간적인 의미도 포함한다. 오전에는 상승의 맥락이 오후에는 하락의 맥락이 있고, 월요일은 상승의 맥락을 금요일은 하락의 맥락을 제공한다.

ⵊⵊⵊⵊ 희망적 보기와 의도적 보기

보는 것은 보는 사람의 동기에 따라 달라지기도 한다. 같은 음식이어도 배부른 사람보다 배고픈 사람에게 더 맛있어 보인다. '웃는 표정을 지으면 행복해진다'라는 말도 마찬가지다. 이렇게 보는 사람의 동기나 기대가 지각에 영향을 주는 것을 '희망적 보기'(wishful seeing)라 하는데, 이는 자신도 모르게 일어날 수 있다. 희망적 보기는 대상이 애매할 때 효과가 더 분명해진다. 예를 들어, [그림 3-4]는 토끼 또는 오리로 볼 수 있는 애매한 그림이다. 만일 관찰자가 이 그림을 보기 전에 초원을 생각했다면 토끼로 볼 가능성이 있고, 냇물을 떠올렸다면 오리로 볼 가능성이 높다.

주가의 분봉차트는 종종 투자자의 동기와 기대에 따라 해

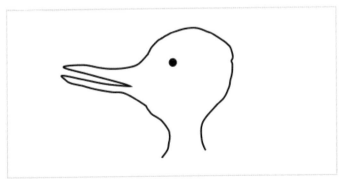

[그림 3-4] 토끼인지 오리인지 애매한 그림. 보기에 따라서 토끼로 보이기도 하고 오리로 보이기도 한다.

석되기도 한다. 고점을 찍고 하락하는 분봉에 대해 세력의 매집 때문이라 생각하고 조만간 올라올 것이라 기대해 매도를 하지 않을 수 있다. 또한, 토론방이나 뉴스에 나온 긍정적 전망을 보고서 주가가 오르리라는 기대를 가지고 주가를 해석할 수 있다.

무엇을 볼지 의식적으로 노력하면서 보는 것도 지각에 영향을 줄 수 있는데, 이를 '의도적 보기'(intentional seeing)라 한다. 앞서, 토끼인지 오리인지 애매한 그림에서 관찰자가 오리로 보려고 노력하면 오리로 더 자주 보이고, 토끼로 보려고 노력하면 토끼로 더 자주 보인다. 또한 [그림 3-5]의 네커 큐브(Necker's Cube)를 보자. a는 그 자체로 방향이 애매한데 b처럼 왼쪽을 향한 것으로 보일 수도 있고, c처럼 오른쪽을 향한 것으로 보일 수도 있다. 가만히 보고 있으면 몇 초에 한 번씩 자동적으로 뒤바뀐다. 그런데 마음속으로 방향을 정하고

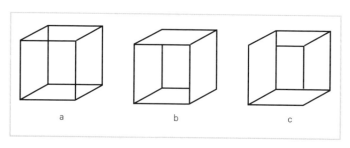

[그림 3-5] 어느 방향을 향하고 있는지 애매한 네커 큐브(a)와 애매하지 않은 네커 큐브 (b, c).

바라보면 어느 정도 보고 싶은 방향이 유지된다. 이렇게 의식적으로 보고자 하는 노력이 효과를 발휘할 수 있는데, 자극이 애매할수록 이 효과는 강력해진다.

희망적 보기와 의도적 보기는 특히 주가가 급등한 뒤 잠시 움직임이 없어 앞으로 어느 방향으로 나아갈지 판단하기 애매한 구간에서 매우 치명적인 결과를 초래하기도 한다. 다음의 [그림 3-6]을 예로 들어 살펴보자. 이것은 급등주의 분봉차트다. 불과 1분 만에 주가가 5% 이상 증가해 변동성 완화장치에 도달했다. 한 투자자가 급등하는 모습을 발견하고 A 구간에서 매수를 했다고 하자. 고점에서 매수한 투자자일수록 주가가 상승하기를 간절히 바랄 것이다. B 지점에서 주가는 오르는 방향과 내리는 방향에서 상승과 하락이 빠르게 반복되는데,

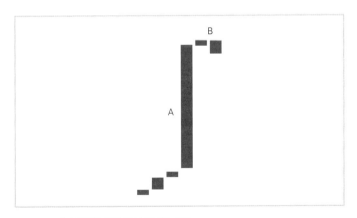

[그림 3-6] 어떤 판단을 해야 할지 애매한 순간.

바로 이 지점이 애매한 구간이다. 투자자는 오를 것을 바라고 있기 때문에 이 상태가 추가 상승을 위한 일시적 조정 구간이라 믿는다. 그래서 하락의 파란 봉보다는 상승의 빨간 막대를 더 민감하게 포착하고 신뢰도 더 높을 것이다. 이와 함께, 급락할지 모른다는 불안이 극에 달해 이성적인 판단을 하기 어렵다.

실제로 B 구간은 추가 상승을 위한 일시적 조정 구간일 수도, 급락 직전일 수도 있다. 주가가 가파르게 상승한 경우 급락도 빠르게 일어나는데 1~2초의 짧은 시간에 일어나기도 하므로 투자자는 미처 빠져나오지 못하고 멍하니 바라볼 수밖에 없다.

모든 투자자는 주가의 상승을 예측하고 매수를 했기 때문에 기본적으로 주가 상승의 희망적 보기 모드에 돌입하게 된다. 이 희망적 보기는 의식적으로 통제되는 것이 아니라 자동적으로 이루어지는 것이나. 또한 의식석인 생각과 판단에 절대적인 영향을 미친다. 특히, 초단기매매에서 주가 급등에 따라 발생한 희망적 보기는 신체의 각성을 불러일으켜 최고치에 도달할 수 있다. 이런 경우 주가의 급락은 큰 두려움으로 이어진다. 그러므로 급등주는 가능한 한 피하고 투자하더라도 너무 큰 액수를 넣는 것은 자제해야 한다.

한편 작은 차이를 두고 주식매매가 빠르고 반복적으로 이

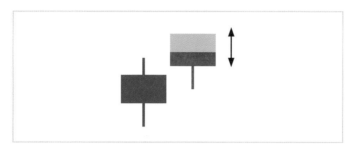

[그림 3-7] **주가 움직임의 도약적 해석.**

뤄질 때 분봉은 위와 아래로 쉼 없이 오락가락한다([그림 3-7]).
보통 단주 거래나 적은 수의 거래로 이런 현상이 일어날 수 있
고, 때로는 많은 거래량이 이런 움직임을 만들 수 있다. 체육
시간에 멀리뛰기를 할 때 사람들은 팔을 위아래로 휘저으며
멀리 뛰기 위한 준비 동작을 한다. 그리고 어느 순간 앞으로
나아간다. 발사대에 있는 미사일도 아래로 강한 연기를 내뿜
으며 엔진을 준비시킨다. 이렇게 준비 동작에 익숙한 투자자
들은 주가가 잠시 하락하는 것을 보고, 곧 상승하기 위한 준비
운동으로 해석하는 오류를 범할 수 있다. 작은 공간에서 일어
나는 상승과 하락의 반복을 도약 운동의 준비로 보려는 성질
역시, 사전 지식에 따른 편향된 해석으로 볼 수 있다. 투자자
는 이런 모습에 현혹되지 말고 냉정하게 주가를 평가하는 노
력을 기울여야 한다.

⬛⬛ 손해를 보면 주가를 예측하는 단서에 더 매달린다

주식이 마음대로 되지 않을 때는 주가를 예언하는 어떤 단서라도 찾고 싶어진다. 이런 욕구는 통제감이 부족하다고 느끼는 사람들에게서 더 크다고 알려져 있다.

UCLA 경영대학원 교수 제니퍼 윗슨(Jennifer Whitson)과 컬럼비아대학 경영대학원 교수 애덤 갈린스키(Adam Galinsky)가 진행한 한 연구를 살펴보자(Whitson & Galinsky, 2008). 윗슨과 갈린스키는 두 개의 집단을 각각 통제감 부족 집단과 비교 집단으로 나눈 뒤, 두 집단의 참여자들에게 컴퓨터 모니터를 통해 제시된 두 개의 기호 중 하나를 선택하게 했다. 통제감 부족 집단에서는 참여자들의 통제감이 부족하도록 유도되었는데, 선택한 답에 대해 50 대 50으로 무작위로 답을 주었다. 즉, 참여자가 어떤 기호를 선택하든 맞출 확률은 50%였다. 비교 집단인 참여자들은 아무런 피드백을 받지 않았고 내키는 대로 아무 기호나 선택할 수 있었다. 10회의 연습을 시행한 뒤 총 40회의 과제를 시행했다. 과제를 마친 뒤, 두 집단의 참여자들은 통제감이 서로 다르게 유도되었는지를 확인하기 위해 통제감 설문지를 작성했는데, 예상대로 통제감 부족 조건의 참여자들이 비교 집단에 비해 낮은 점수를 받았다.

그다음 참여자들은 무선점 그림 과제를 수행했는데, 이것이

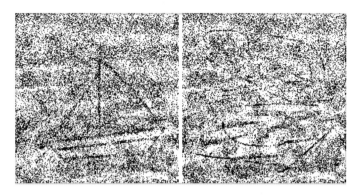

[그림 3-8] 무선점 그림의 예. 왼쪽에는 배가 있고, 오른쪽에는 무의미한 패턴이 있다.
윗슨과 갈린스키(2008)의 연구에 쓰인 그림을 재편집한 것이다.

실험자들의 실제 관심사였다. [그림 3-8]처럼 무선점 그림들을 제시하고, 물체가 있는 그림을 찾게 했다. 사실 이 무선점 그림들은 물체가 있는 그림과 물체가 없는 그림이 섞여 있었다. 두 집단의 참여자 모두 물체가 있는 그림을 잘 찾았는데, 흥미롭게도 물체가 없는 그림에서 통제감 부족 집단이 비교 집단에 비해, 물체를 더 많이 봤다고 대답했다.

이 연구는 통제감이 단지 심리적으로만 존재하는 것이 아니라 바깥세상을 볼 때에도 영향을 준다는 것을 시사한다. 단기투자에서 큰 손실을 본 투자자들은 엄청나게 큰 통제 상실감에 빠진다. 가히 권투 시합에서나 있을 법한 신체적, 심리적 그로기 상태에 빠진다. 이 상태에서 주가를 예측하는 어떤 단서라도 찾고 싶은 마음이 절실해지고, 어떤 동작이든지 취하고 싶어진다. 실세계에서 이런 자세는 매우 큰 효과를 발휘할 수 있다. 그렇지만 주식 세계에는 맞지 않다. 더 이상의 노력은 삼가고 이 상태를 벗어나는 것에 온 힘을 쏟아야 한다.

📊 주식을 장기 보유하면 지루해지는 이유

인간의 시각 시스템은 애매함을 싫어한다. 다음 [그림 3-9]는 형태가 애매한 대표적인 그림들이다. 이 그림들은 방향, 의미, 전경과 배경으로 나눌 수 있는데, 이것을 보고 있노라면 두 가지 흥미로운 사실을 발견할 수 있다. 첫째, 대안들 가운데 한 번에 하나만 의식된다. 물론 동시에 두 대안을 볼 수도 있다. 둘째, 대체로 2~5초 간격으로 다른 대안으로 바뀐다. 예를 들어, 네커 큐브가 왼쪽으로 향하는 것처럼 보이다 어느 순간 위로 향한 것처럼 보이듯이 말이다.

왜 인간의 시각 시스템은 애매함을 싫어할까? 그것은 우리 몸이 하나이기 때문이다. 보는 것의 목적은 행동을 하기 위함인데, 하나의 몸으로 두 가지 일을 할 수가 없다. 시각에서뿐만 아니라 좀 더 높은 수준에서도 마찬가지다. 점심 메뉴를 고르는 것, 대학과 학과를 고르는 것, 취직할 회사를 고르는 것, 결혼할 이성을 고르는 것처럼, 우리 인생은 끊임없이 선택을

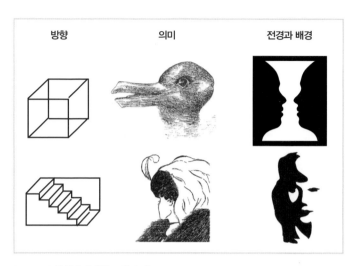

| 방향 | 의미 | 전경과 배경 |

[그림 3-9] 형태가 애매한 그림의 예.

해야 한다. 만일 여러 가지 대안을 따져보다가 제때 결정을 내리지 못한다면, 시간적인 손해를 본다.

한편 인간의 시각 시스템은 왜 지루해할까? 뇌의 모든 신경은 같은 일을 하면 피로해지는 성질이 있기 때문이다. 화장실에 처음 들어갔을 때는 냄새가 나지만 이윽고 냄새가 사라지는 이유와 같다. 다음 [그림 3-10]에 보이는 가운데 점을 가만히 응시해보라. 몇 초가 지나면 주변의 파란색 원이 사라질 것이다. '트록슬러 소멸'(Troxler's fading)이라 불리는 이 현상은 시야의 특정 위치에서 같은 자극이 계속 입력되면, 이를 맡고 있는 뇌 영역의 신경들이 피로해지기 때문에 나타난다.

이 현상은 감각 수준에서의 피로지만, 학습 수준, 인지 수준,

[그림 3-10] **트록슬러 소멸. 위 그림을 20cm 정도 떨어진 뒤 가운데 점을 응시해보자.
얼마 지나지 않아 주변의 파란색 원이 사라질 것이다.**

사회 수준, 동작 수준, 환경 수준 등에서도 잘 관찰된다. 무엇인가 배울 때는 흥미 있지만 한번 익히면 지루해진다. 수학 문제도 계속 풀면 지루해지고, 공장의 컨베이어벨트에서 일하는 것처럼 계속 같은 일만 하면 지루해진다. 같은 사람이나 같은 곳에 계속 있어도 지루해지기는 마찬가지다. 지루함은 새로운 것을 찾게 하는 동인이기도 하다. 지루함을 벗어나기 위해 창의적인 활동을 하거나 새로운 일을 배우거나 새로운 도전을 할 수 있다.

같은 주식을 오랫동안 가지고 있는 것도 매우 지루한 일이다. 이 때문에 헌 주식을 버리고 새 주식을 갖고 싶기도 하고, 오랫동안 하락에서 벗어나 투자 원금 근처에 오면 매도하고 탈출하고 싶어지기도 한다. 하지만 이것은 주식의 교훈과 맞지 않는다. 주식 세계에는 '지루하면 투자, 흥분되면 투기'라는 오랜 격언이 있다. 성공적인 투자자들은 한번 산 주식은 장기 보유를 원칙으로 하라고 조언한다. 그러나 이 조언은 같은 주식을 갖고 있을 때 오는 지루함이라는 심리적 고통을 지독히도 이해하지 못하는 말이다. 지루함은 지루함만으로 끝나는 것이 아니라 우울증과 다른 심리적 장애를 일으킬 수도 있으므로 적극적으로 대처해야 한다. 심리적 고통을 따지지 않은 채 주식을 장기 보유하는 일이 반드시 좋을지는 생각해봐야 한다.

⚡⚡ 시각적 완성, 보이지 않는 것도 보이는 것처럼

인간의 시각 시스템은 보이지 않는 부분도 있는 것으로 처리하는 경향이 강하다. 이를 '시각적 완성'(visual completion)이라 하는데 실세계에서는 대체로 옳은 판단이다. 물체가 완전히 모든 몸통을 드러내는 경우는 거의 없다. 일부분이 다른 물체에 가려져서 보이거나 완전히 보이더라도 뒷부분은 보이지 않는다. 피카소는 사람의 보이지 않는 뒷모습도 보이게 하려고 큐비즘 기법을 이용해 사람을 묘사했다.

어떤 시각적 완성은 매우 강력해서 착시를 일으키기도 한다. 아래 [그림 3-11]의 a는 가운데에 역삼각형이 보인다. b에서는 반투명의 파란색 원이 보이는데 네 개의 원은 검은

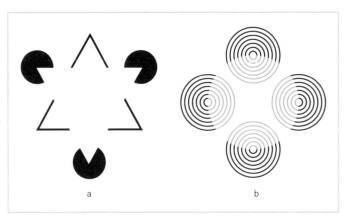

a   b

[그림 3-11] 주관적 윤곽(a)과 네온 확산 색(b). 인간의 시각 시스템은 실제로 보이지 않거나 없음에도, 있는 것으로 처리하는 경향이 있다.

색 줄과 파란색 줄로 구성되어 있다. 그런데 파란색 줄 안쪽 빈 공간은 흰색임에도 파란색이 번진 것처럼 보인다. 이러한 시각적 완성은 시각 시스템이 주어진 자료에 능동적으로 좀 더 그럴듯한 의미를 부여하는 노력이다. 주가 지각에도 시각적 완성이 작용할 수 있다. 주가 막대들 사이사이는 비어 있다. 그렇지만 투자자들은 빈 곳에 의미 있는 내용을 채워 지각한다.

ⵘⵘ 분봉차트에서 나타나는 플래시 지연 착시

움직이는 물체에 대해 시각 시스템은 능동적으로 속도를 예측한다. 실세계에서 어떤 물체들은 매우 빠르게 움직이는데, 이를 눈으로 보고 알아채기 위해서는 최소 0.1초 이상의 시간이 걸린다. 그런데 0.1초 동안 그 물체는 그만큼 더 움직이기 때문에 적절하게 대응하기 위해서는 이미 움직이고 있는 속도를 감안해 0.1초 후에 어디에 와 있는지를 추론할 필요가 있다. 이것이 바로 프로야구 선수가 시속 150km로 날아오는 공을 칠 수 있는 이유이기도 하다.

다음 [그림 3-12]은 '플래시 지연 착시'(flash lag illusion)를 보여준다(검색창에 'flash lag illusion'을 입력하면 동영상으로 이 착시를

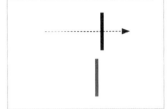

[그림 3-12] 플래시 지연 착시(실제 모습은 왼쪽 그림, 착시적 모습은 오른쪽 그림).

관찰할 수 있다). 먼저 화면 위에 봉 하나가 나타나 한 방향으로 움직인다. 그리고 일정한 지점에 다른 막대가 아래에 깜박하고 나타났다 사라진다. 실제로 이 두 막대는 일직선상에 있지만, 사람들은 움직이는 막대가 깜박인 봉보다 좀 더 앞에 있는 것으로 지각한다. 즉, 시각 시스템은 움직이는 물체에 대해 좀 더 앞에 있다고 가정하는 것이다.

이 착시는 주가가 급등하는 분봉차트에서도 일어날 수 있다. 즉, [그림 3-13]의 a에서, 분봉이 빠르게 위로 움직일 때 시각 시스템은 움직임을 바탕으로 0.1초 후에는 좀 디 높이 오를 것이라고 예측하고 의식할 것이다. 이것이 그림 b다. 이런 착시는 테니스나 축구처럼 물체가 빠르게 움직이는 스포츠에서 종종 관찰되는 것으로 보고되고 있다(Whitney 등, 2008). 만일 우리 시각 시스템은 실제와 다르게 분봉을 해석하고 매수 버튼을 누른다면 큰 손해로 이어질 수 있다. 개인투자자가 사용하는 시스템과는 달리, 세력이 사용하는 매매 시스템은 정확

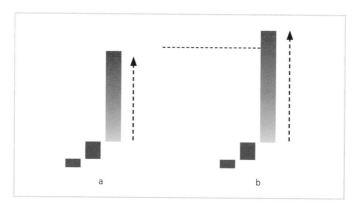

[그림 3-13] 분봉 급등의 과잉 지각(실제 모습은 왼쪽 그림, 착시적 모습은 오른쪽 그림).

한 주가의 위치를 기반으로 매매를 하므로 이런 착시에서 멀리 떨어져 있다.

▪️⁜▪️ 급등주가 매수를 더 부추기는 이유

주가가 급등할 때 분봉차트는 수직으로 가파르게 상승한다. 이런 경우 투자자는 힘차고 신속하게 매수 버튼을 누르게 된다. 왜 급등주를 매수할 때 더 강하게 매수 버튼을 누르게 될까? 이 현상은 '정점 이동 효과'(peak shift effect)로 설명할 수 있다(Ramachandran & Hirstein, 1999). 재갈매기(herring gull)의 어미는 먹이를 잡아 부리 속에 넣어두었다가 둥지로 날아가서

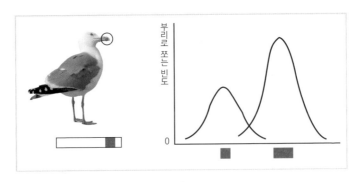

[그림 3-14] **재갈매기 부리와 정점 이동 효과.**

새끼 재갈매기에게 먹인다. 어미의 부리 밑에 빨간 점이 있는데 새끼들은 이 빨간 점을 보면 사정없이 쪼아 먹이를 받아먹는다. 즉, 어미 부리에 보이는 빨간 점은 새끼 재갈매기에게 '격발 행동'을 유도한다.

노벨 생리의학상을 수상한 생물학자 니콜라스 틴베르헌(Nikolaas Tinbergen)은 1953년 이에 대한 실험을 한 적이 있다. 막대기에 빨간 점을 크게 그려서 새끼 재살매기들에게 보여주었더니, 이전보다 훨씬 더 격렬하게 쪼는 행동을 했다(Tinbergen, 1953). 예를 들어, 평소 새끼 재갈매기들이 1cm 두께의 점에 최대 분당 80회를 쪼았다고 했을 때, 3cm 점이 그려진 막대를 보여주었을 때는 분당 120회의 쪼기 반응을 보인 것이다([그림 3-14]). 이렇게 쪼는 횟수의 분포가 이동한 것을 정점 이동 효과라 한다.

단기투자자는 주식을 매수하기 전에 분봉차트의 흐름이 오를 종목을 매수하기로 마음먹는다. 수십 개의 종목들이 눈에 들어오고 적어도 1분봉이 점진적으로 우상향하는 것을 찾는다. 이런 상황에서 주가가 수직으로 오르는 분봉을 보게 되면 크게 흥분이 될 수밖에 없다. 가장 강력한 우상향 패턴이기 때문이다. 즉, 급등주가 매수라는 반응 동작 세기의 정점을 이동시켰기 때문이다. 주가가 오르는 패턴을 보면 매수를 하려는 동작 모드가 켜진 상태에서는 급등주는 매수를 더 부추길 뿐이다.

▮▮▮ 주가는 비선형적으로 전개될 수 있다

단기투자자가 주가 차트를 보고 주식을 매수할 때 봉차트의 형태는 매우 중요한 역할을 한다. 그런데 단기투자자는 주가의 형태를 지각할 때 단순화하는 경향이 있다. 즉, 주가의 흐름이 선형적으로 전개되고 있다고 지각하고 또 그렇게 전개될 것으로 생각한다. 이것은 앞서 살펴본 게슈탈트의 좋은 연속의 원리와 관련이 깊다. 한편, 주가의 선형적 예측은 일정한 시간, 같은 패턴이 되풀이되고 이를 투자자가 학습한다는 점에서 지식에 따른 영향도 있다고 볼 수 있다. 즉, 주가의 선형

[그림 3-15] 주가의 상승과 하락의 예 1(5분봉).

출처: 다음 금융

적 패턴이 계속 이어질 것이라는 기대는 상향적 조직화와 하향적 조직화 두 처리의 동시적 효과로 볼 수 있다.

예를 들어, [그림 3-15]에서 투자자는 A 지점에서 주가가 선형적으로 오를 것으로 기대하고 재빨리 주식을 매수할 것이다. 그런데 얼마 뒤에 주가는 곤두박질친다. A 지점에서 그 누가 급락할 것을 예상할 수 있겠는가? 또 다른 투자자는 주가가 반등하는 것으로 예상하고 B 지점에서 주식을 살 수 있다. 그렇지만 재차 주가는 급락한다. 이 두 경우 모두 주가가 그리고 있는 짧은 선형적 패턴으로 보고 이 패턴이 이어서 전개될 것으로 예상했기 때문이다.

또 다른 사례인 다음의 [그림 3-16]을 보자. 주가는 A와 B

[그림 3-16] **주가 하락과 상승의 예 2(5분봉).** 출처: 다음 금융

지점에서 반등해 선형적으로 신속히 오르고 있다. 투자자는
이렇게 계속 주가가 전개될 것으로 생각하고 주식을 매수할
것이다. 그런데 조금 뒤에 주가가 급락을 한다. 이때 투자자는
손해가 예상되므로 자신의 주식을 팔 수밖에 없다. 특히, A 지
점에 매수한 투자자는 주가가 한참을 급락한 뒤 다시 돌아오
리라고 예상하기 어렵다. 이처럼 단기투자자는 자신이 매수한
지점을 기점으로 주가가 선형적으로 전개될 것으로 예상하는
경향이 있다.

이 경향은 실생활에서는 너무도 당연한 행동으로 나타난다.
횡단보도를 건널 때 우리는 신호등의 불빛이 점진적으로 하
나씩 꺼지므로 그에 맞춰 일정하게 걷는다. 야구나 테니스에

서 공이 일정한 속도와 방향으로 날아오므로 그에 맞춰 배트나 라켓을 휘두른다. 그리고 이런 행동은 지극히 옳다. 사람들은 대체로 세상의 일들이 갑작스럽지 않고 어느 정도 예상 가능하게 일어나는 것에 익숙하다. 이러한 습관은 주식매매에도 그대로 적용된다. 아무리 애를 써도 주가가 비선형적으로 전개될 수 있다는 것을 배우는 것은 너무도 어렵다.

주가의 선형적 상승 뒤에 좋은 뉴스가 있으면, 투자자는 주가의 선형적 예상을 더욱 강력하게 기대하게 된다. 다음의 두 가지 사례를 통해, 이런 기대가 얼마나 위험한지 살펴보자.

▮▲▮ 뉴스로 인한 기대와 위험성

2021년 7월 15일 9시 37분, 보 경제지에서 제약업체 K사에 관한 특징주 보도가 났다. 이 회사의 후원을 받는 한 대학 연구소에서 근무하는 교수가 새로운 코로나19 진단기술 개발을 기자에게 알린 것으로 보인다. 이 뉴스가 나간 직후 주가는 급등했고([그림 3-17]의 화살표), 변동성 완화장치를 거쳐 갭상승 후 3분 만에 급락해 고점 대비 17% 이상 하락했다. 장 마감 후 매매 동향을 살펴보면, 개인투자자 37억 원가량 순매수, 외국인

[그림 3-17] 2021년 7월 15일 제약업체 K사의 주가 변동 추이(5분봉). 출처: 다음 금융

22억 원 순매도, 기타법인 15억 원 순매도로 나온다.

또 다른 사례를 살펴보자. 2021년 6월 8일 오후 1시 22분, 모 경제지에서 엔터테인먼트업체 E사의 지원을 받는 회사의 대표가 코로나19 백신 관련 신기술을 개발했다고 발표한 기자간담회 내용을 실었다. 그 직후 주가는 폭등했고([그림 3-18] 에서 화살표가 가리키는 지점) 변동성 완화장치를 거쳐 갭상승 후 3분 만에 급락해 고점 대비 27%이상 하락했다. 장 마감 후 매매 동향을 살펴보면, 개인투자자 18억 5,000만 원가량 순매수, 외국인 9억 9,000만 원 순매도, 기타법인 12억 2,000만 원 순매도로 나온다. 아마도 개인투자자들이 뉴스에 끌려 매수에 불이 붙었고, 고점에서 외국인과 기타법인이 기다렸다는 듯이

[그림 3-18] 2021년 6월 8일 엔터테인먼트 관련 E사의 주가 변동 추이(5분봉). 출처: 다음 금융

내던진 것으로 보인다.

K사와 E사의 사례는 비슷한 점이 많다. 개인투자자들이 큰 손실을 보고 손절하지 못한 채 떠안은 것으로 추정되고, 외국인과 기타법인이 매도를 통해 고점 근처에서 익절을 한 것으로 추정된다. 외국인과 기타법인은 사전에 어떤 정보를 가지고 있지 않았을까 의심이 든다. 일반적으로 연구자나 회사 관계자가 기자들을 불러 자사 홍보를 하는 경우 급등과 급락을 하는 패턴을 보이는데, 주로 바이오 관련주에서 흔하게 나타난다. 일단 회사 관계자의 홍보는 의심부터 해야 한다.

개인투자자들은 뉴스를 보는 순간 어떤 가치를 갖는지 확신이 서지는 않았을 것이다. 하지만 자신도 모르는 사이 희망에 휩싸였을 것이다. 그 순간, 빠르게 1분봉에 매수 버튼을 누르는 동작을 격발하고 만다. 이깃이 인간이다. 뉴스를 빨리 접한 게 오히려 손해가 된 경우다. 물고기 떼를 선도하는 물고기는 신선한 먹이를 먼저 먹을 수도 있지만, 포식자에게 먼저 잡아먹힐 수도 있는 것이다.

두 사례 모두에서 뉴스 발표 직전 30분 정도에 5%가량 주가가 오르고 있었다. 어떤 일이 벌어지고 있었던 것이다. 혹시 뉴스를 미리 들은 사람들이 매집을 한 것은 아닌지, 세력이 주목을 끌기 위해 밑밥을 던진 것은 아닌지 의심이 든다. 이 정도 상승 역시 개인투자자들에게 무슨 일이 있을 것이라는 희망을 준다.

주가가 급등하는 주식이나 이미 급등한 주식을 매수하는 일은 내리막길에서 달리는 유모차에 올라타는 것에 비유할 수 있다. 당일 10% 오른 종목을 매수하는 것은 10km로 달리는 유모차에 올라타는 것이고, 20% 오른 종목을 매수하는 것은 20km로 달리는 유모차에 올라타는 것이다(시속 20km는 100m를 18초에 주파하는 속도다). 운이 좋으면 쾌속 질주를 하겠지만 유모차가 조금이라도 움직이고 있을 때 어른이 올라타면 한쪽으로 기울어져 와장창 넘어질 뿐이다!

[그림 3-19] [그림 3-1]에 대한 답.

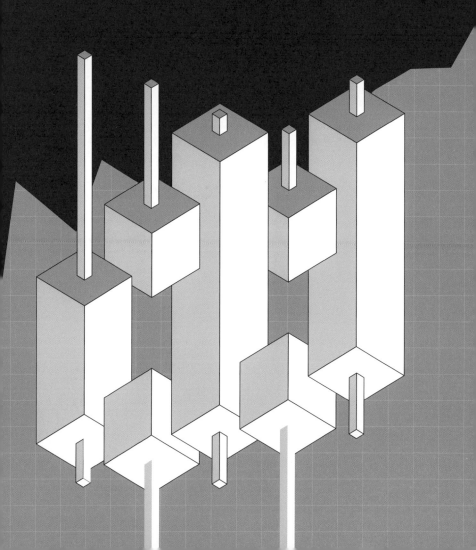

4장

주식 세계에도
사회적 관습이 나타난다

믿음이 있기에 속임수가 있다.

앞서 살펴본 대상에 대한 조직화는 요소들이 상향적이거나 하향적인 힘에 따라 어떻게 집단화되는지를 보여준다. 이 과정은 매우 기초적인 시각 처리다. 한편, 인간의 시각 처리는 기초적인 조직화를 넘어 좀 더 추상적인 수준에서 의미를 부여한다. 이에 따라, 움직이는 물체에서 '견고함' 같은 물리적 속성을 보기도 하고, '여성스럽다' 같은 심리적 속성을 보기도 하며, '쫓고 쫓기는 관계' 같은 사회적 의도를 보기도 한다.

주가의 차트를 볼 때도 이런 고등의 해석이 일어난다. 또한, 우리 인간은 사회적 동물로서 타인을 의식하는 것이 습관화되어 있다. 우리는 가능한 한 타인에게 '좋은 사람'으로 보이고 싶은 본능이 있다. 하지만, 수식 세계는 철저한 익명의 세계다. 실세계에서 기대할 수 있는 배려 따위 전혀 없고 오히려 '이렇게까지 해야 하나' 싶을 정도로 욕심과 속임수가 난무한다.

▪▪▪ 우리는 단순한 움직임에서도 마음을 읽는다

움직이는 물체들은 저마다 독특한 특징과 패턴이 있다. 축구 공은 방해물이 없는 한 앞으로 똑바로 굴러가고, 떨어지는 나뭇잎은 부드러운 바람에 살랑살랑 옆으로 움직인다. 책상 위에 떨어뜨린 볼펜은 책상에 부딪혀 따다닥대며 굴러간다. 생물체의 움직임 역시 독특한 패턴이 있다. 아기는 아장아장 걷고, 강아지는 꼬리를 치고 몸통을 좌우로 흔들며 뛰어다닌다.

사람들의 몸 움직임도 마찬가지다. 몸의 주요 관절에 점을 붙이고 움직임을 촬영하는 '생물체 움직임'(biological motion)을 예로 들어보자([그림 4-1]). 형태와 정보가 없음에도 관찰자는 단 몇 초 만에 체중이 얼마나 나가는지, 남자인지 여자인지, 심지어 기분이 우울한지 즐거운지 같은 감정 상태도 알 수 있다(검색창에 'biological motion'을 입력해 이 움직임을 찾아볼 수 있다). 뿐만 아니라 처음 보는 모양의 물체인 경우에도 몇 초 만의 움직임을 보고서 그 특징을 파악할 수 있다.

그렇다면 주가 분봉의 움직임은 어떨까? 움직임을 일으키기 위해서는 짧은 시간에 주가 봉의 이동이 일어나야 하므로 1분봉을 대상으로 생각해보자. 어떤 주가의 1분봉은 상승과 하락 폭이 적어 얌전하게 움직이는 반면, 어떤 주가의 분봉은 큰 편차를 보이면서 들쭉날쭉 매우 사납게 움직인다. 이와 함

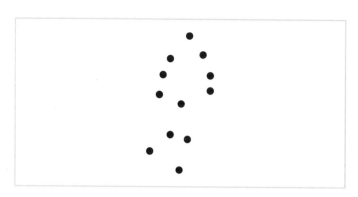

[그림 4-1] 광점 자극의 예(공을 치는 모습).

께, 어떤 분봉은 위로 계속 올라가는 것 같은 반면, 다른 분봉은 아래로 계속 내려가는 성질이 있는 것처럼 보인다. 이에 따라 분봉의 움직임을 물끄러미 보고 있는 투자자는 앞으로도 이 성질이 계속 나타날 것으로 예상한다.

그런데 주가의 움직임은 하루 단 한 차례 뜻밖의 특징을 보일 수도 있다. 다음 [그림 4-2]의 a처럼 한동안 주가가 점진적이고 얌진하게 우상향하다가 화살표 부분처럼 갑자기 큰 하락을 보이는 것이다. 이 같은 모습은 단 몇 초 사이에 일어나기 때문에 투자자는 미처 대처하지 못하고 만다. 같은 폭의 주가 변화지만 그림 b에서의 급락은 크게 놀랍지 않다.

더 나아가 우리 인간은 훨씬 복잡한 물체의 움직임에 대해서도 높은 수준의 의미를 부여한다. 오래전 심리학자 프리츠 하이더(Fritz Heider)와 마리아네 지멜(Marianne Simmel)은 한 연구

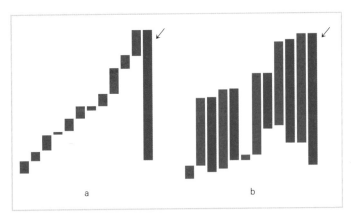

[그림 4-2] 두 그림에서 마지막의 주가는 동일한 정도의 급락을 보이지만, 앞에서 진행된 맥락에 따라 그림 a에서 더 갑작스러운 사건으로 지각된다.

를 진행했다(Heider & Simmel, 1944). 대학생들에게 1분 30초 분량의 짧은 애니메이션을 보여주고 난 뒤 참여자들에게 어떤 일이 일어났는지 자유롭게 기술하도록 한 것이다. 이 동영상에는 큰 세모 하나와 작은 세모 하나 그리고 원 하나가 등장한다. 작은 세모와 원이 큰 세모 쪽으로 다가가자 큰 세모가 집 밖으로 나오고 작은 세모와 상호작용을 한다(그림 4-3).

그 결과, 대부분의 참여자는 단순한 도형들의 움직임으로 보지 않고 마치 사람의 움직임처럼 해석했다. '작은 세모와 원은 연인 사이인데 큰 세모가 질투를 해서 작은 세모를 괴롭힌다', '작은 세모는 용감하고 큰 세모는 포악하다'와 같은 묘사를 했다. 즉, 단순한 도형들의 움직임에서 의도와 성격 같은 사람들의 마음을 읽는다는 것이다!

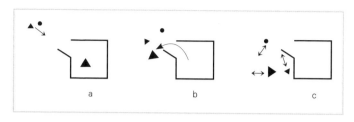

[그림 4-3] 하이더와 지멜(1944) 연구에 쓰인 동영상의 장면. 참여자들은 단순한 도형들의 움직임에서 의도와 성격 같은 사람의 성질을 지각했다.

이렇게 사람이 아닌 무생물이나 다른 생물에게 사람의 특징인 감정, 지능, 성격 등이 있다고 지각하는 것을 '의인화'(anthropomorphism)라 한다. 요즘처럼 각종 동물이나 사물 애니메이션이 인기를 끌고 있는 시대를 생각하면, 이 결과는 전혀 놀랍지 않을 수 있다. 그렇지만 이 연구는 애니메이션이 아직 덜 발달했던 1940년대에 진행되었다. 따라서 이러한 실험 결과는 참여자들이 애니메이션에 익숙한 데서 원인이 있기보다 움직임 자체에서 사람의 특징을 보는 자동화된 지각 체계에 원인이 있는 것으로 보인다.

단순한 도형의 움직임에서 관찰자들은 도형의 의도를 지각한다. 즉, 다른 도형을 공격하기 위해서 또는 자신을 방어하기 위해서 움직인다고 생각한다. 이렇게 특정 물체의 움직임에 어떤 원인이 있다고 지각할 때 '귀인'(attribution)이라고 한다. 예를 들어, 길을 걷다가 머리 위에 나뭇가지가 떨어졌다고 해보자. 만일 바람이 불어 나뭇가지가 떨어졌다면 단순히 운이 나쁘다고 생각하고 지나갈 것이다. 그런데 만일 누군가 일부러 창 밖에서 나뭇가지를 떨어뜨렸다면 매우 기분이 나쁘고 화가 날 것이다. 이렇게 사건을 파악하는 데 귀인은 매우 중요한 역할을 한다. 그런데 귀인은 일상을 살아가면서 거의 자동적으로 일어나기 때문에 우리는 이를 잘 의식하지 못한다.

이제까지 살펴본 움직이는 물체에 대한 단순한 심리 상태를 넘어, 우리에게는 때로 타인의 마음을 좀 더 추상적인 부분까지 이해하는 능력이 있다. 바로 '마음 추정'(theory of mind, TOM)이라 불리는 능력으로, 타인의 심리 상태가 독립적으로 존재한다고 인식하고 어떤 의도와 감정 상태인지를 알아차리는 것이다. 타인의 얼굴 표정, 동작, 말투 등 여러 가지 단서를 관찰함으로써 파악할 수 있으며, 사회생활을 하는 인간에게 반드시 필요한 능력이다. 쉽게 말해 '공감 능력'이라 부를 수 있으며, 4~5세부터 발달이 시작된다. 마음 추정은 분봉의 움직임에서 좀 더 근본적인 원인을 이해하려 할 때 자동적으로 작동할 수 있다.

ⅢⅰⅡ 분봉을 움직이는 여러 가지 힘

분봉을 움직이게 하는 원인에 대해서는 다양한 추론이 가능하다. 물론 움직이는 것은 분봉 하나지만, 투자자들은 분봉이 다양한 힘으로 인해 움직인다고 추론할 수 있다. 첫째, 분봉을 단일한 물체로 보는 시각으로, 어떤 세력이 움직이고 있다고 추정할 수 있다. 이 추론은 가장 단순한 분석으로 분봉의 움직임을 있는 그대로 받아들이는 것이다. 따라서 주가가 떨어질 때는 '분봉이 내려가고 싶은가 보구나'라고, 주가가 올라갈 때는 '분봉이 올라가고 싶은가 보구나'라고 해석하게 된다.

둘째, 두 개의 힘이 맞붙는 것으로 해석할 수 있다. 흔히 황소와 곰의 싸움으로 비유되는 것으로 매수세와 매도세의 싸움으로 볼 수 있다. 주가가 상승하면 매수세가 세고, 주가가 하락하면 매도세가 세다고 표현한다. 분봉의 움직임을 두 힘의 상호작용으로 볼 때 주가의 움직임에 좀 더 정교한 의미가 부여된다. 주가가 하락해 분봉이 내려갈 때는 '기존 주주가 시세차익을 실현하기 위해 물량을 쏟아내고 있는데, 신규 주주가 당해내기 어렵네'라고 해석하고, 주가가 상승해 분봉이 올라갈 때는 '기존 주주가 시세차익을 실현하는 힘보다 신규 주주가 매수하는 힘이 세군' 하고 해석하게 된다. 그러나 같은 투자자여도 갑작스럽게 황소에서 곰으로, 곰에서 황소로 돌변하기도 하므로 황소와 곰 싸움의 비유는 순간적인 것일 뿐이다.

셋째, 세 개 이상의 투자군을 상정할 수도 있다. 예를 들어, 개인투자자, 슈퍼개미, 외국인투자자, 기관투자자 A, B, C처럼 말이다. 아마도 노련한 개인투자자는 호가 창에서 매매 흐름을 보면 어떤 투자자들이 움직이고 있는지 대략적으로 추정할 수 있을 것이다. 또한 외국인이나 기관처럼 투자 금액이 많은 투자자들은 개인투자자가 지원받지 못하는 특별한 투자 시스템을 통해 어떤 투자자들이 시장에 들어와 있는지 알 수도 있을 것이다. 단순하게 생각해서, 어떤 세력이 특정 종목 A에 자신이 쏟아부은 총금액과 나머지 금액만 대략 알아도 상당한 정보를 가지고 있다고 볼 수 있다.

예를 들어 세력이 50%를, 나머지 투자자가 50%를 담고 있고 주가가 10%가 올랐다고 하자. 손익 비율을 따져보니 세력 A가 70%의 수익을, 개인투자자들이 30% 수익을 본다고 했을 때, 즉 개인투자자들이 뒤늦게 뛰어들어 고점에 물려 있는 상황에서, 세력 A는 개인투자자들이 완강히 달려든다고 생각하고 주식 일부분을 매도해 현금을 확보해서 주가를 추가 상승시키고 싶을 것이다. 아마도 어느 정도 수익률이 되어야 주가를 올리는 것이 좋은지는 세력들이 가지고 있는 통계에 따라 달라질 것이다. 그러나 투자 금액이 적은 개인투자자들은 이러한 마음 추정이 거의 불가능하다.

앞서 말했듯 주가는 여러 투자자가 만들어낸 창발 현상이다. 동시에 여러 요인이 개입해 주가에 영향을 줄 수 있다. 분봉이 예상과 다른 방향으로 갑작스럽게 변하는 일이 수도 없이 발생한다. 주가의 움직임은 결코 일관된 마음을 가진 단일한 주체로 인해 발생하는 게 아니라는 점을 늘 염두에 두어야 한다.

⫶⫶⫶ 전진 편향 오류: 빨간 새와 파란 물고기

대부분의 물체와 생물체는 앞뒤 방향이 있고 대체로 앞 방향으로 움직인다. 자동차, 자전거, 기차, 비행기 등은 앞으로 움직인다. 사람이나 개, 고양이, 닭, 새 등 동물도 앞으로 걷거나 날아다닌다. 따라서 우리의 지각 체계는 많은 경험을 통해 물체들은 앞으로 움직인다는 자동적 가정을 하는데, 이를 '전진 편향'(forward bias)이라고 한다.

앞에서 언급한 생물학자 니콜라스 틴베르헌은 흥미로운 동물 연구를 많이 했다. 그중 하나가 두 가지 모습으로 해석되는 도형을 이용해 시행한 칠면조 실험이다(Tinbergen, 1951). 그 도형은 [그림 4-4]와 비슷하게 생긴 연으로, 날아가는 방향에 따라 거위로 보이기도 하고 매로 보이기도 한다. 거위와 매는 앞으로만 날아다니므로 날아가는 방향이 머리라고 지각하는 것이다. 칠면조들은 매를 매우 무서워해 하늘에 매가 나타나면 숨기에 바쁘다. 이 실험에서 칠면조는 매로 보이는 방향으

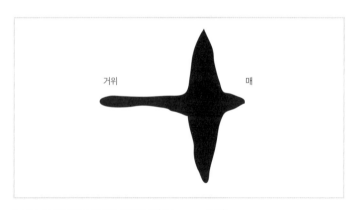

[그림 4-4] **거위인지 매인지 애매한 연(Tinbergen, 1951).**

로 연이 날 때 재빨리 숨는 동작을 보였고 거위로 보이는 방향으로 연이 날 때는 여유를 부렸다! 즉, 칠면조에게도 새는 앞으로 날아간다는 전진 편향이 있는 것이다.

누구나 한 번쯤은 숲에서 멧돼지나 호랑이를 만났을 때 등을 보여서는 안 된다는 이야기를 들은 적이 있을 것이다. 사람이 도망친다고 생각해 맹수가 달려들 수 있기 때문이다. 그렇다면 뒤통수에 가면을 쓰고 달리면 어떨까?

주가의 분봉은 그 자체로 앞과 뒤가 없다. 그렇지만 주가 봉의 움직임을 보고서 방향을 가정할 수는 있다. 주가 봉은 오른쪽으로 움직이므로 오른쪽이 앞이라고 지각할 수 있고, 주가가 상승하는 모습을 한동안 봤다면 머리 방향이 위쪽이라고, 주가가 하락하는 모습을 봤다면 머리 방향이 아래쪽이라고 지각할 수도 있다.

[그림 4-5] **상승 막대와 하락 막대의 생물성.**

바로 이 시각이 주가가 같은 방향으로 계속 움직일 것이라고 보는 오류로 이어질 수 있다. 만일 분봉의 움직임을 보지 않고 마지막 장면만 봤다면 이런 오류는 적을 것이다. 또한 이런 오류는 자동적으로 일어나기 때문에 의식적으로 막기 매우 어렵다. 새와 물고기는 뒤로 움직이지 못하고 앞으로 가기를 좋아하므로 [그림 4-5]처럼 주가 봉을 빨간 새와 파란 물고기에 비유할 수 있다.

⁙ 저점보다 고점 잡기가 어려운 이유: 땅의 효과

땅은 생물체에게 삶의 기반이다. 서식지를 옮기고 먹을 것을 찾으며 짝을 만나는 일처럼 땅 위에서 생물체의 거의 모든 생활이 이뤄진다. 뿐만 아니라 땅에는 나무, 돌, 바위, 풀과 같이 시각적으로 중요한 거리, 깊이, 기울기, 단단한 정도를 판단할 단서들이 풍부하다. 이에 따라 물체가 허공에 있을 때보다 땅 위에 있을 때 시각적 성질이 훨씬 정확하게 지각된다.

주가 차트에서 분봉이 아래에 있는 경우, 투자자들은 저점을 비교적 잘 찾는 경향이 있다. 반면 고점에 있을 때 과연 이 분봉이 어디까지 갈 것인지 예측하기 어려운데, 고점은 늘 허공에 있기 때문이다.

[그림 4-6]의 a에서 고점 A는 허공에 있는 것 같고, 저점 B는 땅 위에 있는 것처럼 보인다. 하락하고 있던 분봉의 움직임이 정체되는 순간 땅을 형성해, 마치 주가가 안정되어 있는 것처럼 보인다. 반면 분봉이 상승했다 하락하는 순간은 천장을 치고 내려온다는 느낌보다 허공에서 너울대는 느낌이 더 강하다. 땅은 눈에 보이지 않아도 물체의 움직임을 통해 마음속에서 가설적으로 형성되는 것이다. 고점을 잘 지각하는 한 가지 방법은 b처럼 분봉차트를 위아래로 뒤집는 것이다. 주식 앱에 따라 이 기능을 제공하기도 하는데, 만일 사용하기 어렵다면, 모니터나 스마트폰을 위아래로 돌리거나 고개를 돌려서 볼 수도 있다. 또 고점에 막대 하나를 그어 천장을 분명하게 만들면 전환점을 찾기 쉽다.

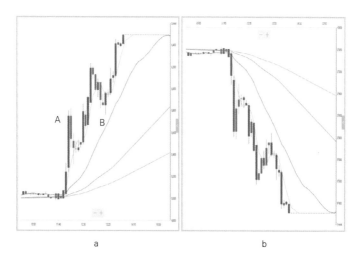

a   b

[그림 4-6] 주가 차트의 방향에 따른 지각(5분봉).   출처: 다음 금융

▐▗▌▝ 관습의 기대: 주식 하다 말고 왜 나가!

종종 주가가 횡보하거나 조금씩 오르다가 갑자기 급락하는 경
우가 있다. 철강 제조업체 A사는 2021년 8월 20일 상장 첫날,
개장과 함께 주가가 20%를 훌쩍 넘게 올라 거래가 진행되었
다. 그러다 오후 3시경 갑작스럽게 급락해 고점 대비 19%가량
하락했다([그림 4-7]). 장 종료 후 매매 동향을 보면 개인투자자
는 1,121억 원 순매수, 외국인 296억 원 순매도, 연기금과 은
행 포함 기관은 793억 원을 순매도했다. 결국 개인이 외국인
과 기관의 물량을 받은 것이다. 기관과 외국인은 공모를 받았

[그림 4-7] 2021년 8월 20일 철강 관련 A사의 주가 변동 추이(5분봉).   출저: 다음 금융

으므로 익절한 것으로 보이고 개인이 손해를 떠안고 어쩔 수 없이 보유하게 된 것이다. 급락 직전 마지막 40분 정도는 점진적으로 주가가 4%가량 올랐는데, 아마도 개인투자자들은 상장주이기 때문에 그리고 큰 매도 없이 주가가 횡보했기 때문에 장 마감을 앞두고 어쩌면 상한가를 갈 것으로 기대하고 매수를 했을 것으로 추정된다. 이른바 상한가 따라잡기인 '상따'를 한 것이다.

하지만 주가는 어이없이 무너졌고 10%에서 마감했다. 장 마감 10여 분을 남기고 외국인과 기관이 물량을 던진 것이다. 혹시 상한가로 갈까 눈치를 살피다 누군가의 배신으로 연쇄적으로 하루 목표치만큼 던진 것으로 보인다. 일반적으로 현실에서 화투 같은 게임을 할 때 이렇게 참여자가 갑자기 나가는 경우는 없다. 예의가 아니기 때문이다. 이때 돈을 잃고 나가는 경우는 예외이며, 남아 있는 사람들이 미안해하며 차비라도 준다. 이것이 인간의 문화다.

장 개시 후 A사의 주가가 몇 시간 동안 작은 편차를 두고 오르내리는 모습을 지켜보면서 개인투자자들은 보이지 않는 상대에게서 암묵적인 동료애를 느꼈을 것이고 급락을 예상치 못했을 것이다. 하지만 주식시장에서 갑자기 들어오거나 나가는 일은 흔하다. 급락을 떠안은 개인투자자들은 주말 동안 그다음 주에 주가가 오르기를 기도하며 괴로웠을 것이다. 주가는 그다음 주에 15% 더 하락했다.

새로운 종목의 상장 첫날, 이런 모습은 흔하게 나타난다. 청약을 통해 주식을 배정받은 기존 주주들의 관심은 주식을 보유할지보다 얼마나 비싼 값에 매도할지에 집중된다. 따라서 신규 투자사들, 대체로 개인투자자들이 얼마나 주식을 사주느냐가 최대 관심사다. 물론 상한가로 직행하는 경우도 많지만 폭락하는 경우도 많다. 폭락하는 경우 물량을 내던지는 투자자들은 대부분 외국인과 기관투자자다.

이날의 상황을 늑대와 양 우화에 빗대어 다음과 같이 표현할 수 있을 것이다. 늑대는 기존 투자자들이고, 양은 신규 투자자들이다.

'먹구름이 끼어 어두운 오후, 배고픈 양들은 저 높은 곳에서 신선한 풀 냄새가 날아오는 것을 느낀다. 하지만 어디선가 늑대들의 오줌 냄새도 풍겨온다. 오전에 아무것도 먹지 못했기에, 그리고 이전에 저 높은 곳에서 맛있는 풀을 먹은 적이 있었기에 한 발자국씩 조심스럽게 언덕을 올라간다. 한참을 올라갔는데 아무런 위험이 없었고 풀 냄새는 바람에 실려 강하게 느껴진다. 먼저 가야 가장 연하고 맛있는 풀을 먹을 수 있으니 서둘러 올라갈 용기가 생긴다. 풀이 있는 곳이 점점 가까워질 오후 무렵, 갑자기 늑대들이 나타난다! 양들은 언덕 밑으로 도망치기 시작한다. 많은 양이 늑대들에게 몸을 물어뜯겼다. 어떤 양은 다리 하나를 물어뜯겼고, 어떤 양은 두 다리를 뜯겼으며, 어떤 양은 귀만 물린 채 가까스로 바위 뒤에 숨었다. 반면, 어떤 양은 풀을 한 잎 베어 물고 도망쳤고, 어떤 양은 배불리 먹고도 도망쳤다. 이 언덕 아래에는 양들의 피 냄새가 진동했고, 늑대들은 이리저리 뛰어다녔다.'

여기서 몸을 뜯긴 양은 고점에 사서 황급히 손절한 투자자고, 바위 뒤에 숨은 양은 버티기에 돌입한 투자자다. 풀을 한 입이라도 먹은 양은 저점에 주식을 사서 이익을 보고 익절한 개인투자자다. 처음부터 가만히 보고 있다 양을 덮친 늑대는 청약을 통해 주식을 배정받은 외국인과 기관투자자다.

⚡⚡ 때로는 허세와 과시가 있다

임팔라, 스프링복, 가젤 등은 갑자기 나타난 사자나 치타 같은 적을 만나면 황급히 도망치는 것이 아니라 제자리에서 허공을 향해 펄쩍 뛴다. 부지런히 도망쳐도 모자랄 시간에 일종의 쇼맨십을 부리는 것이다. 흥미롭게도 이렇게 펄쩍 뛸수록 포식자들은 잡아먹으려 달려드는 행동을 덜한다는 것이다. 이스라엘의 생물학자 아모츠 자하비(Amotz Zahavi)는 이를 '핸디캡 원리'(handicap principle)라 불렀다(Zahavi, 1975). 즉, 펄쩍 뛰는 일 자체는 불리한 일이지만 '이 정도는 아무것도 아냐, 나 아주 힘이 세'라는 신호를 포식자에게 보내 포식을 포기하게 한다는 것이다.

인간 세계에서도 과시나 허세와 같은 행위는 종종 상대에게 잘 먹힌다. 고급 외제차를 타거나 수천만 원짜리 명품가방, 시계, 옷을 걸치년 사람들은 '저 정도 비싼 물건들을 감내할 만한 재력이 있을 거야'라는 생각을 하게 된다. 포커 게임에서도 기대 이상의 금액을 베팅함으로써 자신이 가진 패가 아주 좋다는 신호를 보낸다. 한겨울에 아주 얇은 옷을 입고 거리를 활보하며 자신의 건강함과 좋은 체격을 과시한다.

마찬가지로 주식매매에서도 이런 심리가 작동한다. 종종 개인투자자들은 세력의 힘을 확인하고 싶어 한다. 변동성 완화장치 직전에 대량 매물을 시원하게 뚫어 변동성 완화장치에 진입하기, 장대양봉 시연하기, 상한가 근처에서 매물을 모두 소화하고 매수 잔량을 두껍게 쌓아두기 같은 포효는 개인투자자들을 안심시킨다. 반면, 간신히 헐떡이며 변동성 완화장치나 상한가에 진입하면 개인투자자들은 힘을 의심하고 매수를 망설인다. 세력들은 그 주식이 얼마나 가치 있는지, 자신들이 그 주식을 얼마나 사고 싶어 하고 그럴 능력이 되는지 보여주기 위해 조금조금씩 매수를 해도 되겠지만, 그보다는 짧은 시간에 장대양봉 같은 시연을 통해 의지를 과시한다. 이럴 때 개인투자자들은 '야아, 우리 주포 힘이 좋네! 틀림없이 좋은 주식일 거야'라고 굳게 믿고 고점 매수도 서슴지 않는다.

◧◧◧ 주가 차트에서의 속임수

만일 땅을 믿지 못한다면, 길을 걸어갈 수 있을까? 땅을 보는 순간 땅이 꺼지지 않는다는 자동적인 믿음이 생기기 때문에 우리는 걸어갈 수 있는 것이다. 일상생활에서 물체에 대한 믿음이 없다면 아무것도 할 수 없을 것이다. 모든 것을 일일이 확인해야 하기 때문이다. 실생활에서는 '돌다리를 두드릴 필요가 없다.' 사람이 잘못 보는 경우는 있어도 물체가 사람을 속이지는 않는다.

1984년 9월 23일 이스라엘에서 온 유리 겔러(Uri Geller)는 우리나라 전 국민을 속였다. 일요일 오후 7시 KBS 무대에 등장해 숟가락 휘기와 죽은 시계 살려내기 같은 묘기를 선보인 그는, 자신을 마술사가 아닌 초능력자로 소개했다. 나중에서야 탄로 났지만, 실상은 모든 것이 숨겨진 장치를 이용한 속임수였다. 사람들은 왜 속았을까? 눈에 보이는 것을 믿었기 때문이다. 눈앞에서 쇠숟가락이 휘어지는 것, 죽은 시계 바늘이 스스로 움직이는 것은 눈에 보이는 사실이고 의심할 여지가 없다. 따라서 유리 겔러가 초능력이 있다고 믿은 것이다. 보이는 것을 믿는 것은 자동화된 습관이다.

'컵과 공'이라는 마술이 있다. 탁자 위에 컵 세 개와 작은 공 하나가 놓여 있는 상태에서, 마술사는 컵 하나를 들어 공을 감춘 다음 어느 하나를 관객에게 고르게 한다. 하지만 그 자리에 공은 없고 다른 컵 안에 있다! 충분히 눈이 따라갈 정도로 컵이 움직이기 때문에 관객은 어떤 컵에 들어 있는지 확신한다. 기원전부터 내려온 이 마술은 속이는 방법만 수십 가지나 된다. 관객은 공이 컵 안에서 스스로 움직일 수 없고 컵 밖을 나갈 수 없다는 것을 알기 때문에 자신의 눈을 확신하는 것이다. 만일 상대방에게 공이 컵을 통과할 수 없다는 물리적 지식이 없다면 이 마술은 성공할 수 없다. 나이가 어릴수록 세상일에 대한 경험이 적기 때문에 대부분의 마술에서 효과는 떨어진다.

모든 속임수가 성공하기 위해서는 보는 사람의 믿음이 필요하다. 보이스피싱 역시 비슷하다. 가족이나 친척, 공공기관 직원이라 믿게 만들어 선량한 사람들의 돈을 빼앗는 것이다.

주식시장에도 속임수가 많은 것 같다. '많은 것 같다'라는 표현을 쓴 건 속임수를 확인할 길이 없으니 확정하기는 어렵다는 의미다. 가장 강력한 속임수는 주가가 한 방향으로 급등하는 모습이다. 이것은 앞에서 살펴본 좋은 연속의 원리에 기반한 속임수다. 개인투자자들은 진짜로 상승하는 주식과 세력에 의해 가짜로 상승하는 주식을 구분하지 못한다. 이 사실을 잘 알면서도 좋은 연속을 보이면서 급등하고 있는 분봉을 보면 자기도 모르게 매수 버튼을 누르고 만다.

⊪⊪⊪ 동조 현상은 주식매매에서도 나타난다

미국의 사회심리학자 솔로몬 애쉬(Solomon Asch)는 일련의 실험을 통해서 동조가 얼마나 강력한지를 살펴봤다(Asch, 1955). 애쉬 이전에도 집단에 대한 동조 실험은 많았다. 그렇지만 모두 정답이 없는 애매한 상황 아래에서 일어난 동조 현상이었다. 대표적으로 미국의 사회심리학자 무자퍼 셰리프(Muzefer

Serif)는 자동 운동 효과에서 동조가 일어남을 보고했다(Sherif, 1935). 아주 깜깜한 방에 작은 흰 점을 벽에 투사하면 사람들은 점에서 움직임을 보는 착시를 경험한다. 이것은 눈이 자동적으로 떨리기 때문에 일어나는 현상이다. 그런데 이런 상황에서 동조가 쉽게 일어났는데, 심지어 실험자와 미리 짜고 참여자인 척하는 가짜 참여자가 흰 점이 움직이면서 글씨를 쓰는 것 같다고 하자 이에 동조를 일으켜 정말로 자기도 그렇게 보인다는 참여자도 있었다.

애쉬는 답이 명백하게 분명한 경우에도 집단 압력으로 동조가 일어나는 것인지 확인하고 싶었다. 1955년에 애쉬가 시행한 일련의 실험을 간단히 살펴보자.

실험자는 대학생 7~9명으로 구성된 참여 집단에 흰색 카드 두 개를 보여주었다. 기준 카드에는 기준 선분이 하나 인쇄되어 있었고, 다른 시험 카드에는 길이가 서로 다른 세 선분이 인쇄되어 있었다. 참여자에게 이 가운데 기준 선분 길이와 같아 보이는 것을 하나 고르게 했다. 세 선분 중 하나는 기준선과 같은 길이고, 다른 두 개는 분명히 다른데, 그 차이는 4분의 3인치에서 1과 4분의 3인치에 이르기까지 다양했다. 다음의 [그림 4-8]은 애쉬의 실험에서 설계한 카드의 예시로 왼쪽이 기준 카드고 오른쪽이 시험 카드다.

참여자들은 방에 앉은 순서대로 답했는데, 첫 번째 시행에

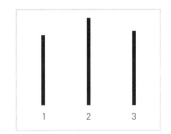

[그림 4-8] 동조 실험에 활용된 막대 그림.

서 참여자 모두 정답인 선분을 선택했다. 그다음 두 번째 카드 세트가 제시되었다. 다시 만장일치로 정답인 선분을 골랐다. 세 번째 시행에서는 예상치 못한 일이 발생했다. 집단의 끝부분에 앉아 있던 한 사람이 일치하는 선분을 선택했을 때 다른 사람들이 모두 동의하지 않았던 것이다. 그는 이 의견 불일치에 대해 크게 당황했다. 다음 시행에서도 그는 동의하지 않았지만 여전히 다른 사람들은 틀린 답에 만장일치로 남아 있었다. 다수에 반대 입장에 있는 참여자는 계속해서 어려움을 겪으면서 점점 더 불안해하고 주저하게 된다. 그는 대답을 하기 전에 머뭇거리고 낮은 목소리로 말하거나 부끄러운 표정을 짓기도 했다.

사실, 사전에 실험자는 진짜 참여자를 제외한 집단의 다른 가짜 참여자들에게 특정 시점에 잘못된 답변을 똑같이 하도록 부탁했다. 이 사실을 모르는 진짜 참여자가 가짜 참여자들의 대답에 어떤 영향을 받는지가 이 실험의 목적이었다. 진짜 참여자는 자기가 생각한 정답을 말했지만, 다른 가짜 참여자들이 다른 식으로 똑같이 답을 하는 것을 보고서 자신이 소수자임을 느낀다. 이때 진짜 참여자에게 두 가지 반대되는 힘이 발생한다. 첫 번째는 그가 본 것을 사실대로 말하는 것이고, 두 번째는 다른 다수의 압력에 이기지 못해 동조하는 것이다. 사전에 공모한 다수는 실험 목적을 모르는 참여자가 자신에 대한 공모를 의심할 수도 있기 때문에 가끔은 올바른 답을 했다. 각각 18번의 카드가 제시되었는데, 이 중 12개에 대해 다수의 공모자가 틀린 답을 말했다.

실험 결과, 실험에 참여한 123명 중 상당수가 다수에게 굴복했다. 보통의 상황이라면 틀린 답을 말하는 실수가 1% 미만임에도, 집단이 압력이 가하는 상황에서 36.8%의 소수자는 틀린 답을 말하는 다수의 판단을 받아들였다. 공모자가 많아 집단이 커질수록 순박한 참여자의 동조 비율도 증가했다. 한편, 참여자들의 반응은 극단적으로 다양했다. 참여자의 약 4분의 1은 다수의 틀린 판단에 전혀 동조하지 않았다. 반면, 일부 개인은 거의 언제나 다수에게 동조했다. 개인차는 계속 유지되는 경향이 있었다. 독립된 판단을 하기 시작한 참여자들은 계속해서 시련을 겪더라도 다른 다수에게 굴복하지 않았지만, 동조를 하기 시작한 참여자들은 계속해서 다수의 의견을 따랐다.

이제 이 실험 결과를 주식매매 상황에 적용해보자. 좋은 소식과 나쁜 소식이 있다. 좋은 소식이란 애쉬의 실험처럼, 집단 압력을 가하는 사람들이 개인투자자 근처에는 없다는 점이다. 혼자서 마음껏 매매를 할 수 있다. 나쁜 소식이란 주가는 답이 없고, 늘 애매한 상황이라는 점이다. 답이 없기에 확신도 없다! 따라서 확신을 줄 만한 대상을 스스로 찾기 마련이다.

동조의 원천은 매우 다양하다. 주가 차트, 뉴스, '찌라시' 정보, 종목토론방의 "상한가 가즈아!" 같은 말 한마디, 호가 창에서 대량 매매, 매매 동향에서 외국인과 기관의 매수와 매도, 거래량, 방송 추천, 지인들의 조언 등. 애쉬의 실험에서 애매할수록 남에게 동조할 가능성이 크듯이 기본적으로 주식매매도 비슷하다.

가장 큰 동조를 일으키는 대상은 다름 아닌 실시간으로 나타나는 주가의 흐름이다. 호가창을 통해 순간순간 바뀌는 주가와 대량 거래 등은 다른 많은 투자자들의 직접적이고 분명한 의견으로 지각되어 압력으로서 작용하기 때문이다. 이에 동조된 투자자는 주가가 오르면 뭔가 오를 만한 이유가 있을 것이라고 매수하고, 주가가 내리면 뭔가 내릴 만한 이유가 있을 것이라고 매도한다. 그러나 주식을 사고파는 것은 미래 어느 시점의 주가 때문이다. 이 미래의 주가를 애쉬의 동조 실험에서 '정답 선분'이라고 가정할 때, 현재의 주가에 마음이 흔들리는 것은 동조와 다름 아니다. 성공적인 투자자들의 조언은 현재의 주가에 동조하지 말고 자신이 계획했던 주가에 집중하라는 것이다. 그러기 위해서는 차트와 호가창 보기를 멀리할 필요가 있다.

어이없는 동조로 매매가 일어나는 경우도 쉽게 목격할 수 있다. 회사의 이름이 비슷해 주가가 함께 오르거나 내리기도 한다. 대선 테마주로 '오리엔트정공'의 주가가 급등한 적이 있는데, 기이하게도 이름이 비슷한 선박 회사인 '오리엔탈정공'이라는 주식의 주가도 급등했다.

반대로 상승의 신호가 없거나 약해 매수를 못 하는 경우도 많다. 2020년 11월 해외에서 mRNA 백신의 성공이 뉴스가 되었을 때, 우리나라에서도 mRNA 관련주가 급등할 만도 한데 전혀 오르지 않았다. 당시 우리나라는 코로나19가 퍼지는 것을 막는 방역이 우선이었고 백신은 머나먼 이야기였다. 그렇지만 조만간 방역과 진단키트보다 백신이 중요해질 것이라는 예상은 충분히 할 수 있었다. 당시 '아이진'은 거의 유일하게 mRNA 백신을 개발하는 회사로 검색되었지만, 불과 11,000원 근처에서 큰 변화 없이 횡보하고 있었다. 이 경향은 2021년 3월 초까지 지속되었고, 연기금, 금융투자, 보험, 은행 등 기관들이 일제히 매입하기 시작하자 이때부터 주가가 급등하면서 4개월 뒤 네 배까지 올랐다. 기관의 수가 많을수록, 이름 있는 기관이나 투자자일수록 개인투자자들은 동조하는 경향이 큰 것으로 보인다.

이와 함께 애쉬의 실험에서 압력을 가하는 집단이 클수록 동조가 높아지듯이, 주식시장에서 거래량이 동조의 중요 원인이 될 수 있다. 이것은 호재와 관련된 주식들이 동시에 여러 개 있을 때 분명해진다. 통계적인 관점에서 보면 여러 개의 주식에 매수가 골고루 퍼져야 할 것 같은데, '대장주'라는 주식에 매수가 몰리는 경향이 강하다. 그래서 투자자들 사이에서 어떤 주식이 더 대장주인지를 놓고 옥신각신하기도 한다.

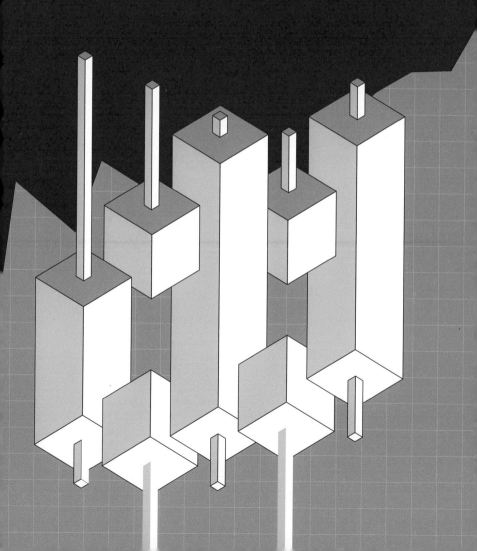

5장

스마트폰은
단기투자를 유도한다

주식은 스마트폰을
통제하지 못하는 사람이
돈을 빼앗기는 일이다.

인간의 지각 시스템이 갖고 있는 또 하나 놀라운 능력은 주의를 사용하는 기술이다. '주의'(attention)는 흔히 마음의 자원이라고 말한다. 마음의 자원은 제한되어 있어 모든 입력 자극을 처리할 수 없다. 자극의 입력은 시각, 청각, 후각, 미각, 체감각 그리고 신체 내부에서 오는 자기감각과 전정기관에서 오는 균형감각 등 무수히 많다. 이 모든 것을 동시에 처리하기에는 뇌가 너무 작다. 지각 시스템은 인간이 살아가는 데 매우 효율적으로 주의를 사용하는데, 만일 그렇지 못한다면 우리는 단순히 자극에 대한 반응을 하거나 이미 입력된 기억에 의존해서 고정화된 일밖에 못 할 것이다.

⢀⣴⡇ 인간의 지각 시스템과 주의 기술

주의 기술이 얼마나 중요한지 알기 위해 새로운 길을 운전하는 상황을 떠올려보자. 목적지를 정하고서 자동차를 출발하면 목적지에 대한 주의를 가동해야 한다. 그렇다고 운전자가 내비게이션만 보고 운전해서는 큰일 난다. 내비게이션도 슬쩍 보면서, 신호등도 잠깐 보고, 앞 차도 신경 써야 한다. 어디 그뿐인가. 룸미러와 사이드미러를 통해 뒤차도 감시하고, 거리의 보행자 동태도 재빨리 살펴야 한다. 그야말로 운전 상황은 다양한 주의가 참여하는 오케스트라라고 할 수 있고, 뇌는 그 지휘자인 셈이다. 전원생활을 하다 오랜만에 도시에 나온 사람이라면 거리의 복잡함에 어지러움을 느낄 것이다. 사람들과 버스, 자동차가 이리저리 움직여서 도저히 어디에 주의를 둬야 할지 모른다.

다음의 [그림 5-1]를 살펴보자. 그림 a에서 빨간색 자극은 녹색 자극을 배경으로 금방 눈에 띈다. 그렇지만 녹색에서 빨간색을 구별하는 능력은 삼원색을 모두 보는 인간이나 일부 원숭이만 가능하다. '익은 과일설'은 삼원색을 설명하는 가장 그럴듯한 가설이다. 실제로 삼원색을 보는 동물은 모두 빨갛게 익은 과일을 먹는다. 그림 b는 적록색맹인 사람이나 삼원색을 보지 못하는 동물이 그림 a를 볼 때 보이는 것을 시뮬레이션한 것이다.

시각이 정상인 사람은 그림 a에서 빨간색 자극을 주의가 필요 없을 정도로 금방 찾는데, 시각 시스템에서 모든 자극을 동시에 탐색하는 병렬처리(parallel processing)를 하기 때문이다. 너무 빨리 처리해서 마치 특별한 기술이 아닌 것처럼 오해할

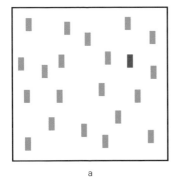
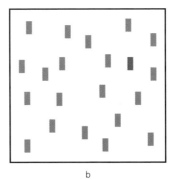

a   b

[그림 5-1] 색 지각이 정상인 사람에게는 주변색과 다른 빨간색 막대가 즉각적으로 주의를 끈다(그림 a). 적록색맹인 사람에게는 그림 a에 있는 빨간색 막대가 주변의 녹색보다 약간 어두운 막대로 보여 이 막대를 찾는 데 시간이 걸린다(그림 b).

수도 있다. 한편, 적록색맹인 사람은 사각형 하나하나에 주의해가면서 밝기에만 의존해 비교하는 계열처리(serial processing)를 하기 때문에 시간이 훨씬 많이 걸린다. 색맹 검사판은 이런 원리를 이용해 만들어진다.

이런 주의 기술과 비교할 수 있는 것은 갑작스럽게 들리는 큰 소리, 천둥 번개, 강한 냄새 등 다양하다. 이렇게 전혀 힘들이지 않고 외부 세계에서 우리 주의를 끄는 것을 '외생적 주의'(exogenous attention)라 한다. 불이 나거나 큰 소리가 들리는 것은 위험을 암시하므로 외생적 주의는 생존에 필수적이다. 한편, 인간은 마음속에서 일어나는 생각에 대해서도 주의를 할 수 있다. 눈을 뜨고 있지만 마음속으로 친구와 만나서 무엇을 할지 떠올릴 수 있는데, 이런 종류의 주의를 '내생적 주의'(endogenous attention)라 한다.

일상생활에서는 이 두 가지 주의가 동시에 작동한다. 운전할 때를 생각해보자. 깜박이는 신호나 갑작스럽게 끼어드는 차량은 외생적 주의를 끈다. 반면, 운전자 스스로 내비게이션이나 라디오 버튼을 보고 싶을 때가 있는데 이때는 내생적 주의가 중요해진다.

그렇다면 주식 환경에서 외생적 주의와 내생적 주의는 어떻게 작용할까? 평일 오전 9시, 개장과 함께 주식 앱을 켜면 수많은 정보가 투자자의 주의를 빼앗는다. 우선, 설정해둔 관심종목 항목에서 홀로 빨간색으로 주가 상승을 알리는 종목이 있다면 눈에 띌 것이다. 이것은 외생적 주의이며 투자자의 마음을 빼앗는다. 이 밖에 단주거래, 변동성 완화장치 발동, 각종 공시와 뉴스들이 앱 화면에 끊임없이 나타나는데, 모두 외생적 주의를 요구한다.

한편, 내생적 주의는 자신이 간밤에 보고 싶고 확인하고 싶었던 주식들의 주가에 향하는 것이다. 코스피와 코스닥의 전체 지수를 확인하거나 뉴스를 확인하는 것도 마찬가지다. 즉, 자신의 의도와 계획에 따라 주의를 할당하는 것이다. 연구에 따르면, 외생적 주의는 내생적 주의를 압도한다. 만일 내생적 주의가 아주 강력하지 않다면, 그리고 내가 산 주식의 주가가 하락하고 있다면, 외생적 주의를 끌면서 급등하고 있는 주식과 마주치면 사고 싶은 마음을 참기 어려울 것이다.

이렇게 어떤 일을 수행하는 상황에서 방해 자극을 최대한 무시하면서, 과제와 관련된 자극에 집중하는 것을 '선택적 주의'(selective attention)라 한다. 선택적 주의는 인간만이 아니고 동물의 생존에도 매우 중요하다.

고려시대와 조선시대에는 매를 훈련시켜 꿩을 잡기도 했다. 응방은 매를 훈련시키는 곳으로, 한때 왕의 친위대만큼이나 중요한 관청이었다. 그런데 매는 눈앞에 꿩이 한 마리일 때는 쏜살같이 날아가 잘 잡았지만, 여러 마리일 때는 이 꿩 저 꿩 쫓아만 다니다 허탕을 치곤 했다. '떼 꿩에 매 놓기'라는 속담이 이때 생겨났는데, 욕심이 많아 동시에 여러 목적을 쫓다가 하나도 못 이루는 모습을 꼬집는 의미로 쓰인다.

주식매매 상황에서도 이 속담은 유용하게 적용된다. 이는 선택적 주의가 얼마나 중요한지 잘 보여준다. 투자자는 주의를 빼앗는 주식들 속에서 우왕좌왕하다 결국 최악의 주식을 매수하기도 한다. 만일 손절을 하고 다른 주식을 매수해 주가가 오른다면 좋겠지만, 반대가 될 가능성이 훨씬 크다. 자신의 주식에 집중하고 다른 주식들의 주가를 모니터링하는 것은 주식의 흐름을 이해하는 정도로만 사용해야 한다. 하지만 그렇게 평정심을 유지하기가 무척 어렵다.

▪▪▫▪ 주가 차트를 보는 시선의 움직임

눈이 향하는 곳을 말하는 시선은 마음속에 주의 대상이 있는 곳과 거의 일치한다. 물론 눈은 앞을 향하고 있지만 마음은 옆을 향하고 있을 수도 있다. 주가 흐름을 이해하기 위해서는 중요한 부분을 재빨리 읽는 기술이 필요하다. 투자자의 시선이 어디를 향하고 어디에서 어디로 움직이는지 안구운동 추적 장치를 이용해 측정할 수 있다.

[그림 5-2]는 10초 동안 두 명의 투자자에게 하루 동안 일어난 주가 차트를 보여주면서 안구운동을 추적한 결과다. 위는 장기투자자로 평소에 차트를 잘 보지 않는 사람이고, 아래는 차트에 의존해 단기투자를 하는 사람의 시선을 기록한 것이다. 동그라미가 클수록 눈이 멈춘 시간이 길었음을 의미하고, 숫자는 눈이 움직인 순서를 뜻한다.

결과에서 볼 수 있듯이, 장기부자자의 시선은 폭넓게 분포하고 있는 반면, 단기투자자의 시선은 주가의 큰 변화가 있는 부분을 중심으로 왼쪽에서 오른쪽으로 체계적으로 옮겨가고 있다. 또한, 장기투자자에 비해 단기투자자는 주가의 변화 부분에서 거래량을 함께 보고 있음을 알 수 있다. 이는 주가의 변화가 그에 상응하는 거래량을 수반하고 있는지를 확인하는 과정으로 볼 수 있다.

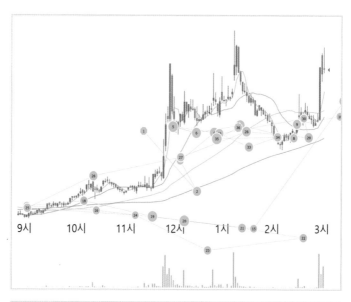

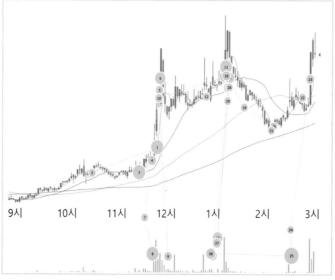

[그림 5-2] 장기투자자(위)와 단기투자자(아래)는 같은 차트에서 각기 다른 곳에 집중하는 경향을 보인다.

주어진 시간 동안 차트를 분석하기 위해서는 변화가 분명한 부분을 위주로 보는 것이 주가를 이해하는 데 도움이 된다. 왜냐하면 주가의 변화가 큰 곳이 정보 가치가 높기 때문이다. 정보 가치가 높다는 것은 관찰자가 주의를 기울인 노력을 감안할 때 효율이 높음을 의미한다. 이것은 드라마나 스포츠 같은 다른 주제에 대해서도 마찬가지다. 드라마의 내용에서 큰 변화를 일으키는 부분을 중심으로 시청자는 이야기를 조직화한다. 마찬가지로, 축구나 야구와 같은 게임에서도 점수가 나는 시간을 중심으로 그날의 게임을 단순화하고 조직화한다.

▮▯▮ 통제적 처리와 자동적 처리

운전을 처음 배울 때는 많은 것에 주의를 해야 한다. 액셀과 브레이크를 선별적으로 주의해야 하며, 보행자 신호와 운전자 신호를 혼동하지 않아야 한다. 이렇게 어렵고 복잡한 일을 처음 배울 때 주의가 많이 필요한데, 이를 '통제적 처리'(controlled processing)라 한다. 반면, 오랜 연습 끝에 만들어진 동작들은 주의가 거의 필요 없이 자동적으로 수행되는데, 이를 '자동적 처리'(automatic processing)라 한다. 운전도 1년 이상 하면 몸이 알아서 동작을 부드럽게 수행하고 이때부터는 운전을 즐길 수 있다. 걷기, 뛰기, 젓가락질, 자전거 타기, 컴퓨터 키보드로 글자 입력하기 등도 그렇다. 모든 동작은 익숙해지면 주의가 거의 필요치 않는다.

글 읽기는 매우 특별하다. 글을 처음 배울 때는 한 자 한 자 온 주의를 들여 읽어야 하지만, 한번 통달하면 간판에 적힌 글씨를 아무리 읽지 않으려 애써도 저절로 읽고 만다. [그림 5-3]을 보고, 위와 아래의 글자 색을 가능한 한 빨리 말해보자. 사람들은 글자의 색을 최대한 빨리 말하라고 했을 때 글씨의 의미에 영향을 받는다. 빨간색으로 쓴 '빨강'이나 파란색으로 쓴 '파랑'은 빨리 말한다. 그런데 파란색으로 쓴 '빨강'이나 빨간색으로 쓴 '초록'은 빨리 말하지 못하거나 색깔이 아닌 의

| 초 록 | 보 라 | 파 랑 | 빨 강 |
| 빨 강 | 보 라 | 초 록 | 분 홍 |

| 초 록 | 보 라 | 파 랑 | 빨 강 |
| 보 라 | 빨 강 | 초 록 | 파 랑 |

[그림 5-3] **스트룹 효과의 예.**

미를 말하는 실수를 한다. 글자의 의미가 워낙 빨리 처리되기 때문에 벌어지는 이 현상을 '스트룹 효과'(Stroop effect)라 한다 (Stroop, 1935). 스트룹 효과의 원래 뜻은 글씨처럼 의미가 자동적으로 처리되어 특정 과제를 방해하는 것이지만, 의미가 아닌 다른 자동화된 처리가 일으키는 방해 효과도 스트룹 효과라 부른다.

급등하고 있는 분봉은 매수 동작을 자동적으로 격발할 수 있다. 급등주를 우연이라도 마주치면 도망치는 게 가장 좋겠지만, 혹시라도 마주치게 된다면 스트룹 효과를 이용해 추격 매수 동작을 줄일 수 있다. 분봉차트에서 관습적으로 양봉은 빨간색으로 음봉은 파란색으로 설정된다. 오랫동안 이 관계를 경험한 투자자들은 빨간색은 양봉, 파란색은 음봉이라는 관계가 자동적으로 시각 시스템에 자리 잡는다. 이런 자동성을 약화하기 위해 분봉의 차트 설정 메뉴에서 양봉을 파란색으로 음봉을 빨간색으로 바꾸는 것도 생각해볼 만하다. [그림 5-4]의 a에서 급등하고 있는 분봉이 b처럼 파란색으로 바뀌면 자동적으로 일어나는 매수 동작이 어느 정도 방해를 받을 수 있다. 파란색이 당신의 머리를 차갑게 식혀줄 것이다.

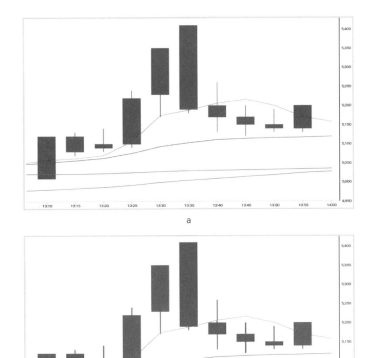

a

b

[그림 5-4] 빨간색과 파란색이 뒤바뀐 주가 차트(5분봉).　　　　　출처: 다음 금융

🕯️ 부정적인 감정이 들 때 숲보다 나무가 보인다

'터널시야'(tunnel vision)란 녹내장과 같은 병으로 시야에서 주변부가 보이지 않고 중앙 부분만 보이는 병리 현상을 말한다.

이 개념은 심리학 장면에서 종종 인용되어 쓰인다. 원래 공학 용어인 '스트레스'가 다른 학문에서 사용되는 것과 비슷하다. 심리학에서 터널시야란 깊은 우울증으로 극단적 선택이 유일한 해결책으로 보이거나, 심각한 스트레스로 다른 해결책에 대해서 생각하지 못하는 상태를 말한다. 이때는 눈에 보이는 것들에 대한 주의력이 현저히 떨어지고 심지어 귀가 잘 들리지 않기도 한다.

오랫동안 심리학자들은 실험을 통해 터널시야를 이해하려고 시도해왔다. 그중 대표적인 것이 감정에 따라 주의 공간이 어떻게 달라지는지를 살펴보는 연구다. 연구들에 따르면, 긍정적인 감정 상태일 때에 비해 부정적인 감정 상태일 때 주의 범위가 좁아진다. 이를 좀 더 멋지게 표현해 '긍정적일 때 숲을 보게 되고 부정적일 때 나무를 보게 된다'고 말한다. 보통 이런 연구에서, 참여자들은 인위적으로 기쁜 기억이나 슬픈 기억을 떠올리도록 요청받고 특정 감정 상태가 된다.

펜실베이니아주립대학 심리학과 교수 캐런 개스퍼(Karen Gasper)와 버니지아대학 심리학과 교수 제럴드 클로어(Gerald Clore)는 참여자들에게 기쁘거나 슬픈 감정 상태가 되도록 요청한 뒤 간단한 지각 과제를 수행하게 하는 실험을 실시했다(Gasper & Clore, 2002). 연구자들이 제시한 과제는 [그림 5-5]와 같았는데, 참여자들은 위쪽에 제시된 그림이 아래쪽 두 그

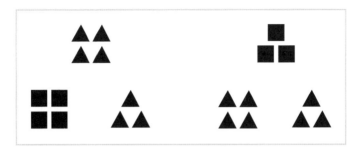

[그림 5-5] 전역과 국지 공간에 따라 분류가 다른 형태.

림 중 어느 쪽과 비슷한지를 판단해야 했다. 24개의 과제가 끝나고 난 뒤 연구자들은 참여자들이 국지 형태 또는 전역 형태를 기준으로 답을 골랐는지 평가했다. '국지'(local)란 작은 공간을 말하고, '전역'(global)이란 넓은 공간을 의미한다. [그림 5-5]에서 국지 형태는 하나하나 개별적인 삼각형과 사각형이고, 전역 형태는 개별적인 도형을 묶어서 봤을 때의 사각형과 삼각형 모양이다.

실험 결과를 분석하니, 슬픈 감정 조건의 참여자들이 기쁜 감정 조건의 참여자들에 비해 국지 형태를 기준으로 과제 형태를 더 범주화했다. 이 결과는 부정적인 감정이 대상의 세밀한 특징에 더 주의하도록 유도한다는 점을 시사한다.

투자 상황에서도 투자자는 종종 부정적인 감정 상태에 놓인다. 주가 흐름이 하락으로 진행 중일 때 마음이 급해지고 충격에 빠지게 된다. 특히, 데이트레이딩(day trading) 상황에서 주가 하락에 따른 충격은 심각한 스트레스와 부정적인 감정으로 이어진다. 이런 상황에서 투자자는 주가의 단기적이고 국지적인 맥락에만 주의할 가능성이 크다. 지금 이 순간의 주가 자체에만 몰두해 상황이 더 악화될 것만 같은 심정에 놓이게 된다. 일종의 '주가의 터널시야'인 셈이다. 이때는 시야를 넓혀 감정적인 대응에서 벗어나도록 노력해야 한다. 예를 들어, 분봉과 같은 짧은 범위의 주가 흐름에서 눈을 돌려 시봉이나 일봉 같은 좀 더 넓은 범위의 주가 흐름에 눈을 돌리는 것이다.

▮▯▮ 세력의 관심 돌리기

마술에서 흔하게 볼 수 있는 것 중에 링 마술이 있다. 이 마술이 시작되면 마술사는 쇠로 된 링들을 서로 여러 번 부딪히며 링이 매우 견고하다는 것을 관객에게 확인시킨다. 그다음 링을 이리저리 손으로 움직이는데 어느 순간 두 링이 연결된다. 관객은 링이 서로 지나갈 수 없다는 것을 알기 때문에 연결된 링을 보며 감탄한다. 사실 링의 한 부분이 끊어져 있다는 것이 이 마술의 비밀이다. 다만, 멀리서 눈으로 보이지 않을 뿐이다. 이 끊어진 틈을 손가락으로 벌려 재빨리 다른 링을 끼우는 것이 마술사의 실력이다. 이때 마술사는 링의 끊어진 부분을 손가락으로 만질 때 관객이 주의하지 않기를 바란다. 눈치 빠른 관객이 손가락의 움직임을 보고 속임수를 눈치 챌 수 있기 때문이다.

한편, 관객이 링에서 완전히 눈을 떼는 것도 좋지 않다. 왜냐하면 마술을 이해하지 못할 수 있기 때문이다. 따라서 마술사는 마술을 이해하되 속임수는 눈치 채지 못하는 곳을 관객들이 주의하도록 유도해야 한다. [그림 5-6]에서 A는 링이 끊어진 지점으로 검지와 엄지로 덮혀 있어 보이지 않는다. 마술사는 이곳에 시선을 두어서는 안 된다. 관객은 자동적으로 타인의 눈의 방향과 몸의 방향에 주의를 하기 때문이다. 한편, C

[그림 5-6]
마술사는 관객의 시선이 다른 곳을 향하도록 의도적으로 시선과 행동을 처리한다.

지점처럼 완전히 엉뚱한 곳에 주의를 하게 해서도 안 된다. 관객이 마술을 이해하지 못할 수 있기 때문이다. 가장 적절한 지점은 B이다. 이렇게 속임수가 일어나는 지점에서 관객의 주의가 멀어지도록 하는 것처럼 마술에서 주의를 다루는 기술을 통틀어 '오방향'(misdirection)이라 한다.

주식매매에서도 오방향 기법이 있다. 세력은 종종 관심 있는 종목을 관심이 없는 것처럼 큰 매수 없이 시간을 보내며 다른 투자자들의 눈을 돌리기도 하고, 자신이 가지고 있는 주식을 팔고 싶지만 바로 팔지 않고 때를 기다리다 어느 순간 팔아치우는 경우도 있다. 이렇게 실제 속마음을 숨기는 것을 주식에서 오방향이라고 말할 수 있을 것이다. 속마음을 숨기는 시간은 몇 시간이 될 수도 있고 며칠이 될 수도 있다.

다음의 [그림 5-7]을 보자. 넷플릭스의 인기 드라마 관련주로 분류된 영화 배급사 S사는 며칠 동안 큰 등락을 거듭하고 있었다. 이날은 큰 호재 없이 장 시작과 함께 주가가 10%가량 오른 뒤 약간의 하락 이후 큰 변동이 없었다. 그러던 중 오후 2시를 전후로 갑작스럽게 주가가 크게 오르더니 상한가로 마감했다. 이 시간에 특별한 호재가 있거나 뉴스가 있었던 것은 아니다. A 구간을 보고 주가가 오를 것으로 기대하고 주식을 산 투자자들은 거의 4시간 동안 지속된 B 구간을 버티지 못하고 팔았을 것이다. 하지만 이 구간을 버티고 남아 있던 투자자들

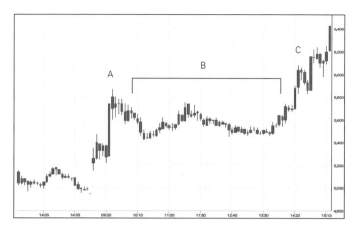

[그림 5-7] 2021년 10월 7일 영화 배급사 S사 주가의 변화(5분봉).　　출처: 다음 금융

은 큰 성공을 거두었을 것이다.

장 마감 후 매매 동향을 살펴보면, 개인이 약 40억 원어치를 팔았고, 외국인과 기관투자자가 그만큼 샀다. 아마도 C 구간에서 주식을 매수한 주체는 외국인과 기관투자자로 추정된다. 결과를 놓고 봤을 때 이들은 B 구간에서 이 주식에 관심이 없는 것처럼 가만히 있다가 장 막판에 서로 경쟁하듯 주식을 매수한 것으로 보인다.

여기서 B 구간을 마술에서 오방향이라 볼 수 있고 주식에서는 '관심 돌리기'라 말할 수 있다. 다음 날 이 종목은 11.5% 가량 상승했는데, 개인은 58억 원어치를 매수했고 외국인과 기관은 그만큼 팔았다. 외국인과 기관의 물량을 개인투자자들이 추격매수를 해서 떠안은 것이다.

▙▗▜ 디지털 환경이 인간의 주의력을 바꾼다

통신기술의 발달로 컴퓨터와 스마트폰의 사용이 급증하고 있다. 특히, 스마트폰을 이용해 인터넷 검색, SNS, 채팅, 사진 찍기, 음식 주문, 물품 배송, 유튜브, 음악 듣기, 뉴스 보기, 은행업무, 주식매매, 병원 예약, 미용실 예약, 내비게이션 사용, 맛집 찾기, 관광 정보 얻기 등 거의 모든 일을 다 한다. 그야말로 전기와 수도가 끊기는 것보다 인터넷 연결이 끊기는 것이 더 두려운 세상이다. 갑자기 인터넷을 사용할 수 없게 되면 불안감을 동반한 고립감인 '모노포비아'(monophobia)에 빠진다. 스마트폰은 몸은 아니지만 일종의 연장된 자기로 볼 수 있다. 바깥에 있지만 단순한 소유물이 아닌 자기 뇌의 일부로서 역할을 한다.

디지털 생활이 인간의 주의 사용에 어떤 영향을 미칠까? 2015년 마이크로소프트 캐나다에서 수행한 연구가 대표적이다. 이 연구에서는 뇌파(EEG)와 행동실험을 이용해 지속 주의, 선택 주의, 교차 주의를 조사했다. 지속 주의(sustained attention)는 한 가지 목적을 이루기 위해 얼마나 오랫동안 주의를 기울이는지를 말한다. 이는 독서, 글쓰기, 요리, 운전, 낚시에서 찌를 감시하기 등 인간이 하는 거의 모든 일에 필요하다. 이 연구에서 캐나다인 112명에게 휴대용 뇌파 측정기를 쓰게 하고,

평소에 생활하는 대로 컴퓨터를 보거나 스마트폰을 사용하거나 TV를 보게 했다. 뇌파의 변화를 통해 주의가 얼마나 지속되는지를 알 수 있었는데, 평균적으로 8초에 불과했다! 금붕어가 한곳을 바라보다 머리를 돌리는 데 9초가 걸리는 점을 생각하면 금붕어보다 더 짧은 시간 동안 주의를 하는 것이다. 2000년에 실시한 조사에서는 그 시간이 12초였는데, 5년 만에 무려 4초나 줄어든 것이다.

왜 이렇게 지속 주의가 크게 줄어들었을까? 이것은 이 연구에 참여한 2,000명의 행동연구에서 단서를 찾을 수 있다. 이들을 대상으로 수행한 인터뷰에서 컴퓨터, 인터넷, 스마트폰, SNS, TV 등 디지털 기기의 사용이 크게 증가했음이 발견되었다. 지속 주의력은 인터넷 검색 빈도, 멀티태스킹 빈도, SNS 사용 빈도, 얼리어답터 성향 정도와 반비례했다. 즉, 디지털 생활이나 IT 기기 사용의 증가가 주의력에 변화를 가져온 것이다.

한편, 지속 주의가 줄어든 대신 교차 주의의 사용은 늘어난 것으로 조사되었다. 특히 교차 주의의 사용은 나이가 어릴수록 더 두드러졌다. 교차 주의(alternating attention)는 동시에 여러 가지 일을 수행하는 멀티태스킹을 하거나 짧은 시간에 여러 가지 일을 교대로 해야 하는 상황에서 필요한 것이다. 즉, 멀티태스킹이 필요한 일을 할 때 한 가지 일에만 계속해서 집중하는 것은 업무 효율을 떨어뜨린다. 교차 주의의 사용이 나

뺀 것만은 아니다. 이 연구에서 교차 주의력이 높은 사람들은 필요한 정보를 빨리 포착하고 기억에 저장하는 능력이 높을 수도 있는 것으로 조사되었다. 즉, 적절히 사용하면 현대 생활에 방해보다는 도움이 되는 필수적인 능력이 될 수 있다.

운전, 대중교통 이용, 요리 등도 교차주의가 필요한 작업들이지만 오래전부터 존재했기 때문에, 이 연구에서 지속 주의가 크게 줄고 대신 교차 주의가 크게 늘어난 원인을 설명하지는 못한다. 아마도 가장 큰 이유는 인터넷을 매개로 한 컴퓨터와 스마트폰의 사용 빈도가 크게 증가했기 때문일 것이다. 특히 스마트폰은 한 손에 쉽게 쥘 수 있고 터치 기능이 있어 작동이 컴퓨터보다 용이하고 빠르다. 또한 스마트폰은 화면이 작고 키보드 사용이 원활하지 않기 때문에 한 화면에 오랫동안 머물기가 어렵다. 스마트폰으로 채팅하기, 뉴스 보기, 이메일 확인, 날씨 확인, 문자 보내기 등 많은 일이 짧은 시간 안에 이뤄신다. 이에 따라 뉴스의 경우, 과거보다 헤드라인과 내용이 점점 짧아지고 있다. 심지어 실제 사건과 다르게 파격적으로 제목과 내용이 편집되어 문제가 되기도 한다.

스마트폰이 단순히 행동상의 인지기능만이 아니라 뇌의 조직을 바꾼다는 연구도 꾸준하게 나오고 있다. 국내에도 비슷한 연구 결과가 발표된 바 있다(Choi 등, 2021). 우리나라 20대와 30대의 스마트폰 사용 정도와 그에 따른 뇌의 변화를 살펴봤는데, 스마트폰을 심각하게 많이 사용하는 사람들은 그렇지 않은 사람들에 비해 주의 과제 점수가 낮았고, 주의와 관련된 뇌 영역에서도 분명한 차이를 보였다. 이 결과는 스마트폰 사용 환경에 뇌가 적응하고 있음을 보여준다.

⚞ 스마트폰이 몸 근처에만 있어도 벌어지는 일

휴대폰의 사용이 운전이나 걷기, 학습을 할 때 큰 방해가 된다는 사실은 잘 알려져 있다. 운전 중 휴대폰 사용은 주의 범위를 크게 감소시켜 위험을 초래할 수 있다. 그래서 우리나라에서는 운전 중에 휴대폰을 사용하는 것을 불법으로 규정하고 있다. 스몸비(Smombie)는 스마트폰(smart phone)과 좀비(zombie)의 합성어로, 스마트폰 화면을 보면서 고개를 푹 숙인채 보행하는 사람을 일컫는데, 전체 보행자 사고의 60%가 이들 때문에 일어난다. 스몸비족을 위해 횡단보도 앞쪽 바닥에 교통 신호등이 설치된 곳도 등장했다.

그런데 스마트폰은 사용하는 것뿐만 아니라 단순히 시야에 존재하는 것만으로도 주의와 인지기능을 방해할 수 있다. 교육학자 빌 손턴(Bill Thorton)과 일군의 심리학자는 한 실험에서 휴대폰을 가까이 두는 것만으로도 주의력과 문제해결력이 감소되는 것을 발견했다(Thornton 등, 2014). 남녀 대학생 참여자들은 휴대폰을 책상 위에 두는 것만으로도 주어진 덧셈 과제에서 수행력이 낮아졌다.

마케팅 분야에서도 비슷한 실험이 진행되었다(Ward 등, 2017). 텍사스대학 경영대학원 교수 에이드리언 워드(Adrian Ward)를 비롯한 연구자들은 남녀 대학생들을 대상으로 스마트폰이 인지 능력에 어떤 영향을 미치는지 확인하고자 했다. 그들은 참여자들에게 실험 시작 전 스마트폰의 소리와 진동을 꺼둔 채 눈에 보이는 책상 위, 주머니 또는 가방, 그리고 다른 방 어느 한곳에 놓아두도록 요청했다.

그리고 두 가지 인지 과제를 수행하게 했다. 첫 번째는 낱자들을 마음속으로 암기하면서 간단한 산수 문제를 계속 푸는 작업기억 과제였다. 작업기억(working memory)은 대략 수초 이내의 기억으로 '단기기억'이라고도 부르지만, 과제 수행을 위해 컨트롤타워 역할도 한다는 점에서 단순한 기억 이상의 역할을 한다. 두 번째 과제는 유동 지능(fluid intelligence)으로, 문제를 풀기 위해서는 규칙을 탄력적으로 이용해야 한다. 예를 들어 레이븐스 매트릭스(Raven's matrix) 과제가 대표적인데, [그림 5-8]에서처럼 각각 상단의 오른쪽 아래에 들어가야 할 그림을 아래 그림에서 찾는 것이다. 정답은 각각 2번과 7번이다.

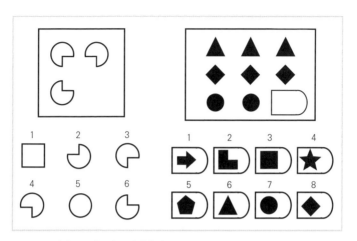

[그림 5-8] 레이븐스 매트릭스 과제의 예.

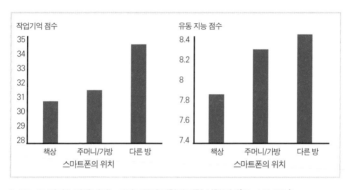

[그림 5-9] 인지능력에 미치는 스마트폰의 영향에 대한 실험 결과(Ward 등, 2017).

실험 결과, 자신의 스마트폰이 가까이 있을수록 두 과제 점수가 모두 낮았다([그림 5-9]). 이 결과는 단순히 스마트폰이 시야에 있기만 해도 인지기능이 약화됨을 보여준다.

두 번째 실험에서는 스마트폰의 전원을 아예 끈 채 실험이 진행되었는데 결과는 비슷했다. 단순히 스마트폰의 기능이 꺼진 채 몸 근처에 있기만 해도 인지기능이 저하된다는 결과는 놀랍다. 이는 주식의 단기매매 과정에 대해 매우 중요한 시사를 한다. 스마트폰이 근처에 있는 것만으로도 주의를 빼앗길 뿐만 아니라 치밀한 계획이나 생각이 뒤로 밀려날 수 있다는 것이다. 더 나아가 스마트폰을 사용해 주식 시황을 모니터링하면서 매매를 고려한다면 높은 수준의 인지적 처리가 아닌 단순히 주가 차트의 변화가 매매를 주도할 가능성도 있다.

▮▯▮ 스마트폰은 거래 빈도를 높인다

코로나19 발생 이전과 2021년 10월을 비교했을 때, 스마트폰을 하루 평균 4시간 이상 과사용하는 사람이 38%에서 63.6%로 두 배 가까이 늘어났다고 한다.* 이에 따라, 스마트폰으로 주식거래를 하는 사람이 크게 늘었을 것으로 추정된다. 이에 더해 한국거래소에 따르면 2020년 코스피 전체 거래 중 스마트폰 기반 모바일트레이딩시스템(MTS)을 통한 거래 비율은 40.7%였다. PC 기반의 홈트레이딩시스템(HTS)과 영업점 단말기를 통한 거래는 각각 38.9%와 10.4%를 기록했다.**

아직 종합적인 2021년 집계는 없지만, 아르바이트 플랫폼

알바몬이 아르바이트를 하는 20대 1,056명을 대상으로 진행한 설문에 따르면, 이들 중 주식 투자를 하는 비율은 약 59% 였고, 이 가운데 스마트폰으로 주식을 거래하는 사람이 94%가 넘었다. 아마도 직장에 다니는 30대 이상 투자자도 컴퓨터보다는 스마트폰으로 투자를 하는 비율이 월등히 높을 것이다.●●●

이런 점들을 생각하면, 전반적으로 스마트폰으로 주식거래를 하는 비율이 코로나19 발생 이전에 비해 엄청나게 늘어났을 것으로 추론된다. 증권사도 앞다퉈 MTS를 개발·출시하고 있고, 토스증권처럼 스마트폰으로만 거래가 가능한 웹을 제공하는 증권사가 늘고 있다. 또 스마트폰이 아니어도 요즘에는 노트북, 태블릿 PC 등 휴대가 가능하고 언제든지 투자를 즉각적으로 할 수 있는 여건이 마련되어 있다.

그렇다면, 스마트폰으로 투자를 할 때와 다른 방법으로 할 때 사이에는 어떤 차이가 있을까? 인터넷에서 SNS나 주식 관련 커뮤니티를 살펴보면, 충동적인 매매를 하게 되어 손실이 커진다고 호소하는 이들을 쉽게 찾아볼 수 있다. 이를 뒷받침하는 공식적인 조사가 우리나라에는 아직 없지만, 최근 독일

● 　동아일보, 2021. 10. 27., '스마트폰 과사용' 코로나 이후 2배 이상 늘어.
●● 　헤럴드경제, 2021. 9. 7., '불장' 이끈 스마트폰…MTS거래 220%↑.
●●● 뉴시스, 2021. 10. 19., 20대 알바생 59% "현재 주식투자 중"…평균 300만원 미만.

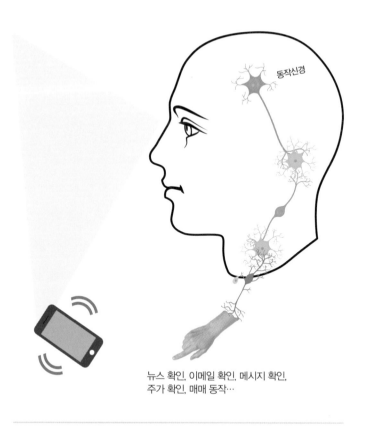

동작신경

뉴스 확인, 이메일 확인, 메시지 확인,
주가 확인, 매매 동작…

[그림 5-10] **스마트폰과 매매 동작의 격발.**

에서 진행된 연구를 통해서 유추해볼 수 있다(Kalda 등, 2021).
이 연구에서, 2010~2017년 사이에 개인투자자 18,000명의
자료를 분석했다. 이들의 평균 나이는 45세였고, 평균 투자 경
력은 9년이었다. 분석 결과, 스마트폰으로 거래한 경우가 다른
방법을 이용해 거래한 경우에 비해서 월평균 거래 빈도가 두

배 많았고(10회 대 5회), 위험이 큰 종목을 고르는 경향이 10% 높았다(68% 대 58%). 또한, 스마트폰으로 거래하는 경우 주가가 오르고 있는 주식을 사는 추격매수 경향이 높게 나타났다. 이런 결과들은 우리나라 SNS에서 흔히 찾아볼 수 있는 사례들과 크게 다르지 않다. 스마트폰은 계획에 따른 투자보다는 즉흥적인 투자를 유도하는 것처럼 보인다.

▮▪▮ 최근 주식 보유 기간이 짧아진 이유

스마트폰에 관한 연구들을 종합하면, 스마트폰은 뇌에서 신경들의 연합망 구조로 연결되어 강력한 '디지털 바이러스'로서 역할을 하고 있는 것처럼 보인다. 스마트폰은 우리 삶에 많은 긍정적인 기여를 한다는 점에서 공생한다고 표현할 수 있지만, 일상생활을 방해한다는 점에서 기생한다고 표현할 수도 있다. 필요한 정보가 있어 스마트폰을 찾는 것은 내생적 주의에 따른 것이지만 시야에 스마트폰이 눈에 띄기 때문에 켜는 것은 외생적 주의에 따른 것이다.

후자의 경우, 우리 눈은 무선인터넷 공유기와 같은 역할을 하는 것처럼 보인다. 즉, 시야에 스마트폰이 들어오면 이는 주의를 빼앗고 뇌 속에 깊숙이 자리 잡은 스마트폰과 관련된 신경들이 활성화되어 결국 스마트폰을 여는 동작 명령을 내리게 된다([그림 5-10]). 이 과정은 사람이 의지로 하는 것이 아니라 자동적으로 일어나는 것이다. 다만, 자신의 손으로 행하기 때문에 자신이 했다고 착각하는 것일 뿐이다(6장에서 이에 대해 좀 더 면밀히 살펴보자).

이제는 거의 모든 투자자가 컴퓨터와 스마트폰을 이용해 주식을 매매한다. 과거 객장에서 주식을 매매하던 때와 어떤 점이 달라졌을까? 전 세계적으로 주식 보유 기간이 크게 줄어든 것으로 나타났다. 미국의 경우, 1950년대와 1960년대에 주식 보유 기간이 최고 8년에 이르렀지만 점진적으로 낮아져 2020년에는 5.5개월로 줄어들었고, 이는 유럽도 비슷한 추세다.

우리나라의 경우 장기간의 연구는 없지만 한국거래소에 따르면, 2020년 8월의 경우 보유 기간이 코스피는 5개월 안팎이고 코스닥은 1개월을 조금 넘는 것으로 조사되었다. 특히, 20대 남성은 5.9일로 조사되었다. 이렇게 짧아진 이유는 시스템매매의 증가 요인도 크겠지만 개인이 주식매매를 쉽게 할 수 있는 물리적 환경의 변화도 중요할 것이다. 특히, 미국이나 유럽에서 시스템트레이딩이 70% 이상인 점에 비해 우리나라는 30% 정도인 점을 감안하면, 우리나라의 짧은 매매는 개인투자자 요인이 더 중요해 보인다.

앞서 소개한 스마트폰과 투자의 관계와 관련된 연구들을

살펴봤을 때, 단기투자가 크게 늘어난 이유는 끊임없이 스마트폰을 확인하는 현대인의 습관이 큰 역할을 했을 가능성이 높다. 또한, 충동 매매의 뒤에는 스마트폰이 있을 수 있다! 워런 버핏은 스마트폰을 사용하지 않고 피처폰을 사용한다고 알려져 있다. 이것이 그의 숨은 성공 비결이 아닐까? 주식매매를 할 때만이라도 스마트폰을 꺼두거나 최대한 눈에서 보이지 않는 먼 곳에 둘 것을 강력히 조언한다.

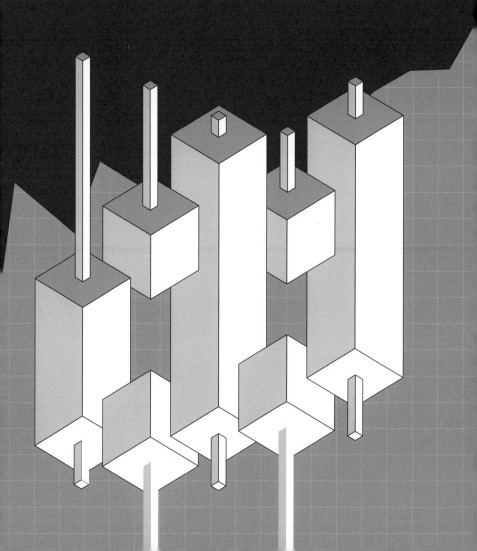

6장

누가 내 손가락으로
매수 버튼을 눌렀을까?

주식은 손가락을
통제하지 못하는 사람이
돈을 잃는 것이다.

경제, 금융, 사람들의 기대 등의 요인들이 주가를 결정한다지만, 결국 주식매매는 손가락이 한다. 따라서 손가락 움직임이 어떻게 발생하는지 이해하는 일이 중요한데, 일반적으로 사람들은 이에 대해 거의 관심을 갖지 않는다. 주식매매는 많은 경우 투자자의 의지와 무관하게 일어날 수도 있다. 자동적으로 급등주를 고점에 매수했다 급락해서 큰 손실을 보고 자신의 손가락을 원망하기도 하는데, 이런 실수를 하지 않도록 손가락을 실로 묶어놓으라고 조언하는 투자자도 있다. 사실 우리가 매 순간 행하는 동작들은 의도적인 것들도 있지만 무의식적이거나 자동적으로 일어나는 것들도 아주 많다. 뇌동매매도 무의식적으로 일어나며 멈추는 것이 불가능하다. 뇌동매매를 이해하기 위해서는 동작이 어떻게 일어나는지를 먼저 살펴봐야 한다.

◖◗ 몸은 중요한 지능이다

2016년 이세돌 기사는 인공지능 알파고와 펼친 바둑 대결에서 4 대 1로 지고 말았다. 많은 사람은 알파고의 능력에 큰 충격을 받았고 조만간 인공지능이 인간을 지배하는 세상이 올 것이라고 두려워했다. 그동안 바둑의 수는 너무 복잡해서 기존의 계산 방법으로는 풀리지 않는 거대한 벽이었는데, 알파고는 심층 학습(deep learning)이라는 새로운 방법으로 계산을 해서 성공했다. 이는 대단히 괄목할 만한 성과다.

다른 한편으로 이 사건은 인공지능의 한계를 보여준 것이기도 하다. 왜냐하면 알파고는 바둑돌을 직접 놓지 못했고 사람의 손을 빌려 놓았기 때문이다. 사람들은 늘 아무 생각 없이 손을 사용하니까 손이 하는 일이 얼마나 지능적인지 깨닫지 못한다. 인간의 손은 수많은 동작을 원활하게 하도록 오랜 진화를 거쳐 현재의 형태를 갖추게 되었다. 도구가 특정 목적을 위해 얼마나 적절한 형태를 갖추고 있는지를 가리켜 '형상적 지능'(morphological intelligence)이라 한다. 국수를 먹을 때는 숟가락보다 젓가락이 지능적이고, 국을 먹을 때는 숟가락이 젓가락보다 더 지능적이다.

현재 최신의 인공지능은 인간처럼 검지와 중지에 바둑돌을 집어 바둑판에 놓지 못한다! 우리는 뇌의 활동만이 지능이라고 여기는 착각을 하고 있다. IQ라는 전통적으로 알려진 뇌의 능력만을 지능이라고 여기는 관점에 묶여 있기 때문이다. 이런 착각은 로봇학에서도 있었다. 지난 50년 이상 로봇학에서 알고리즘만으로 로봇의 걸음을 실현해보려 했지만 실패하고 말았다. 이제는 알고리즘의 역할을 줄이고 로봇이 스스로 실세계에서 또는 실세계처럼 꾸민 가상공간에서 학습을 통해 걷는 동작을 연마하도록 하는 것이 더 좋은 전략이라는 것을 깨닫게 되었다.

컴퓨터의 CPU나 동물의 뇌가 없이도 걸음이 가능할 수 있다는 사실은 극단적으로 몸의 지능을 잘 보여준다. 다음의 두 가지 사례를 살펴보자. 첫 번째 사례는 [그림 6-1]의 왼쪽 사진처럼 사람의 다리와 비슷하게 생긴 관절 구조물이다. 이 구조물을 약간의 경사진 곳에 놓으면 전력이나 CPU가 없어도 사람처럼 걷는데, 이를 '수동형 보행자'(passive dynamic walker)라 한다(McGeer, 1990). 이것은 천문학적으로 많은 돈을 들여 알고리즘으로 걷는 로봇을 구현하려는 학자들에게 새로운 통찰을 주었다.

두 번째 사례는 좀 더 무섭다. 1945년 9월, 미국 콜로라도주에 사는 로이드 올슨(Lloyd Olsen)은 저녁으로 먹기 위해 수탉의 머리를 잘랐다([그림 6-1]의 오른쪽 사진). 그런데 깜짝 놀란 수탉 마이크는 그대로 뛰어서 달아났고, 비록 머리는 잘렸지만

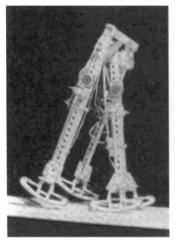

[그림 6-1] 알고리즘 없는 걸음(McGeer, 1990)과 뇌 없는 걸음(게티이미지코리아).

죽지 않았다. 올슨은 마이크의 식도에 스포이드로 음식과 물을
넣어주었고, 마이크는 그렇게 1년 6개월을 더 살았다. 마이크
는 횃대에 앉아서 쉬기도 하고 그런대로 잘 걸을 수도 있었다.
해마다 5월이면 이 마을에서는 마이크의 날(Mike the Headless
Chicken Festival)을 기리는 축제가 성대하게 열리고 있다.

위의 두 사례는 걷는 동작에 알고리즘이나 뇌가 필요 없다
는 뜻이 아니다. 그보다는 동작을 수행하는 데 몸의 역할도 매
우 중요하다는 점을 시사한다.

그렇다면 우리 인간은 어떨까? 늘 머리로 사는 것 같지만
실질적으로 실세계와 상호작용하는 것은 머리가 아닌 몸이다.
손, 발, 몸통, 감각기관은 외부 세계를 이해하고 동작의 효과를

일으키는 최종적인 도구다. 투자자가 주식 세계에서 결국 매매를 하는 마지막 행위는 손에서 일어난다. 또한 손 그리고 손과 연결된 척추와 뇌의 일부분은 자동화된 기제에 따라 움직일 수 있다. 이 부분은 매우 중요하지만 투자자는 잘 눈치 채지 못한다.

일상생활에서 대체로 인간의 뇌와 몸은 같은 목적을 향해 작동한다. 다만, 서로 성질이 다른 지능을 가진 채 말이다. 테이블 위의 커피 잔을 들어 마시는 일을 생각해보자([그림 6-2]). 컵을 보는 순간, 우리는 오른손을 뻗어 컵을 쥐고 입으로 가져갈 것이다. 이 동작은 매우 짧은 순간에 일어난 것 같지만, 사실은 뇌에서 매우 정교한 과정을 거쳐 발생한 것이다. 우리 뇌는 컵을 보는 순간 우리 손이 어디에 놓여 있는지 계산하고, 어떻게 컵을 쥘지 '시뮬레이션'(simulation)해 가장 에너지가 덜 드는 동작을 선택한다. 그래서 손잡이에서 가까운 오른손을 움직여 컵을 쥐도록 명령을 내리고, 다음으로 이 명령을 받은 손이 일련의 동작 패턴을 가동해 컵을 입으로 가져간다. 우리는 거의 의식하지 못하지만 뇌에서 일어나는 시뮬레이션은 분명히 존재한다.

마음속에서 일어나는 시뮬레이션은 '심상'(mental imagery)이라고도 하는데, 실제로 특정 동작을 해보지 않고 여러 가능성을 시험해볼 수 있다는 점에서 매우 훌륭한 도구다. 예를 들

[그림 6-2] **컵과 동작 유창성.**

어, 새로 이사할 집에 물건들을 어디에 배치할지 머릿속으로 그려보고 배치를 결정하는 것이 실제로 시행착오를 겪으며 물건들을 배치하는 것보다 효율적이다. 시뮬레이션은 물건 배치처럼 의식적으로 수행하는 경우도 있지만, 많은 경우 컵을 쥐는 동작처럼 자동적으로 일어나 의식하기 어렵다.

나도 모르게 많은 동작이 일어난다

아침에 일어나자 탁자 위 스마트폰이 눈에 들어오고 내 손은 어느새 화면을 켜고 있다. 이때 과연 자신이 의도적으로 스마트폰을 집었다고 말할 수 있을까? 눈에 스마트폰이 보였기 때문에 무의식적으로 집어 든 건 아닐까? 물론 전화를 걸기 위해 스마트폰을 의식적으로 찾을 수도 있을 것이다. 그렇지만 많은 경우 눈에 보이기 때문에 스마트폰을 보게 된다.

다음의 경우는 어떨까? 허둥지둥 집을 나서 한참을 가고 있는데, 문득 창문을 잠갔는지 걱정이 된다. 그래서 집으로 되돌아가 확인해보면 대체로 잘 잠겨 있다. 분명한 의도를 가지고 창문을 잠근 것인지 아니면 무의식적으로 잠근 것인지 헷갈린다. 마찬가지로 볼링장에서 자신이 던진 공이 핀들을 향하도록 고개와 몸을 한쪽으로 기울이는 동작, 권투 중계를 보는데 자기 손이 나가거나 축구 중계를 볼 때 자기 발이 나가는 것도 모두 저절로 일어난다.

반사 동작들은 의식 없이 자동적으로 일어난다. 갓 태어난 아기는 손바닥에 무엇인가 놓이면 꼭 쥐고 놓지 않는다. 또 아기는 가만히 놀고 있다가 어디선가 '꽝' 하고 소리가 들리면 소리 난 쪽으로 고개를 돌린다. 태어날 때부터 지니고 있는 반사 동작들만 의식이 안 되는 것은 아니다.

물체는 사람에게 특정 동작을 유도하기도 한다. 생태심리학자 제임스 깁슨(James Gibson)은 이를 가리켜 '행동 유도성'(affordance)이라 이름 붙였다(Gibson, 1979). 그는 예를 들어, 과일은 '나를 먹어주세요', 의자는 '내 위에 앉아주세요', 길은 '내 위를 걸어보세요', 칼은 '나를 가지고 무언가 자르거나 찌

르세요', 예쁜 고양이는 '나를 안아주세요' 하고 행동을 유도한다고 주장한다. 이 주장에 따르면, 급등하는 빨간색 1분봉은 '빨리, 나를 사!'라고 속삭인다고 할 수 있다. 깁슨의 주장은 지나친 상상이 아니다. 최근의 많은 신경과학적 증거는 깁슨의 견해를 지지한다. 망치를 보여주며 MRI 장비로 뇌를 찍으면, 망치를 쥘 때 활성화되는 뇌 영역의 많은 부분이 활성화된다(Grafton 등, 1997). 즉, 물체와 연합된 동작은 물체를 보기만 해도 어느 정도는 반사적으로 뇌에서 활성화된다.

타인을 모방하는 행동 역시 무의식적으로 나타날 수 있다. 대화를 할 때 상대가 웃으면 나도 같이 웃게 되고, 하품을 하면 나도 하품을 하게 되며, 말을 빠르게 하면 내가 말하는 속도도 빨라지고, 다리를 꼬면 나도 다리를 꼬게 된다. 횡단보도에서 신호를 기다리고 있다가 신호등을 확인하지도 않고 다른 사람이 건너기 시작하면 함께 따라간다. 이렇게 사회적인 맥락에서 자신도 모르게 상대를 따라 하는 동작을 '카멜레온 효과'(chameleon effect)라 하는데, 카멜레온은 자신도 모르게 피부색이 주변의 환경에 맞춰 바뀌기 때문이다(Chartrand & Bargh, 1999). 모방 행동은 타인의 동작에 대해 서로 동질감을 느끼게 해 생존 가능성이 높아지므로 진화적인 가치가 있다. 모방 행동은 타고나는 것으로, 갓 태어난 아기도 아빠가 혀를 내미는 동작을 따라 할 정도다.

한편, 심령현상으로 알려진 동작들도 무의식적으로 일어날 수 있다. 수맥봉으로 수맥 찾기, 요동 진자, 볼펜이 움직이는 분신사바, 오링 과제, 테이블 두드리기 같은 동작들은 행위자의 의도나 의식이 다른 사람의 암시로 인해 충분히 일어날 수 있다. 암시로 인한 동작을 '이디오모터 현상'(ideomotor phenomenon) 또는 '이디오모터 동작'(ideomotor action)이라 하한다. 특히 이런 상황에서는 참여자가 자신의 동작을 의식적으로 한 것이 아니기에 보이지 않는 외부의 힘이 있다고 믿을 수 있다. 그렇지만 매우 정상적인 사람도 암시 행동을 할 수 있다는 것이 실험적으로 잘 증명되므로 이상한 일은 아니다.

▐▖▗▐ 암시 행동을 설명하는 이디오모터 이론

19세기 미국의 심리학자 윌리엄 제임스(William James)는 암시 행동을 설명하기 위해 '이디오모터 이론'을 제안했다(James, 1890). '이디오'(ideo)는 아이디어를 뜻하는데, 우리말로 풀이하면 '생각·동작 이론'쯤으로 부를 수 있다. 제임스의 이론은 오래전에 제창되었지만, 현대에 와서 무의식적 동작에 대한 가장 영향력 있는 이론으로 지지받고 있다(Prinz 등, 2013).

이 이론에서는 가설적인 뇌 회로가 핵심이다. [그림 6-3]은

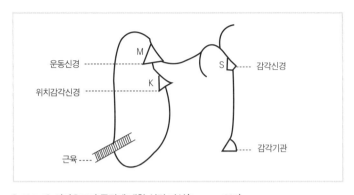

[그림 6-3] 이디오모터 동작에 대한 신경 가설(James, 1890).

이 이론을 모형으로 나타낸 것이다. 먼저, 뇌에는 근육에 동작 명령을 내리는 운동신경(motor cell)이 있다. 이 신경이 활성화되어 근육에 붙어 있는 신경에 신호를 보내면, 근육이 움직인다. 근육이 활성화되어 동작이 일어나면 이 근육을 둘러싼 조직에서 피드백신호가 발생하고 뇌로 보내진다. 이 피드백신호 가운데 신체의 위치감각(kinesthetic) 정보가 중요하다. 이 정보는 근육과 힘줄이 수축과 이완을 할 때 만들어지는데, 이로 인해 우리 신체의 각 부분이 어느 위치에 있는지를 알 수 있다. 예를 들어, 모기가 왼쪽 얼굴 근처에서 윙윙거린다면 오른손을 들어 쫓아야 하는데, 이 동작은 오른손이 어디에 있는지를 알아야만 할 수 있다. 오른손의 위치를 파악하는 것은 위치감각을 통해 가능하다.

만일 동작 명령을 내리고 위치감각 정보가 대략 0.1초 안에 뇌로 들어오면 자신이 수행한 동작이라고 느낄 것이다. 예를 들어, 어두운 방을 밝히기 위해 벽에 있는 스위치를 켰다고 하자. 스위치를 누르는 순간, 손가락 끝에 있는 근육과 피부가 눌리는 신호가 발생해 뇌로 전달된다. 이 이론에서 흥미로운 점은 운동신경과 위치감각신경이 직접 연결되어 있다는 점이다.

이제 이 두 신경의 활동을 시간적 순서로 생각해보자. 스위치를 켜는 동작을 취할 때 운동신경(M)이 활성화되고 다음으로 근육에서 오는 위치감각신경(K)이 활성화되고, 불이 켜지면 이를 본 눈에서 감각신경(S)이 활성화된다([그림 6-3]). 따라서 운동신경의 작동이 시간상으로 먼저 일어나야만 한다. 그런데 이 모형에서 위치감각신경이 활성화되면 운동신경이 활성화되어 동작이 일어날 수도 있다. 실제로 제임스는 위치감각신경을 약하게 활성화시키는 것으로 운동신경이 활성화되어 동작이 일어날 수 있다고 믿었다.

한편, 운동신경은 어떻게 활성화되는 걸까? 운동신경이 활성화되는 세 가지 방법에 대해 생각해보자. 첫째, 특정 동작을 취했을 때 발생하는 감각을 스스로 '생각'하기만 하면 된다. 예를 들어, 스위치를 켜면 어두운 방이 환해질 것이라는 의식적 기대가 아이디어일 수 있다. 또 타인의 동작 관찰, 동작 상상, 암시에 따른 무의식적인 것들도 아이디어로 볼 수 있다.

특정 동작을 취할 때 발생하는 것은 위치감각 신호만이 아니다. 예를 들어, 우리가 손으로 책상에 있는 커피 잔을 들어 입으로 가져올 때, 손과 컵이 움직이는 시각 신호, 컵을 들 때 책상과 마찰해 끌리는 소리 같은 청각 신호, 그리고 커피가 입에 왔을 때 향기 같은 후각 신호, 커피가 혀에 닿을 때 오는 미각 신호도 발생한다. 이렇게 시각, 청각, 후각, 촉각, 미각 등이 보내는 신호를 통틀어 감각 신호라고 한다. 제임스는 이런 신호들을 지각하는 신경들도 운동신경과 연결되어 있다고 믿었다. 따라서 컵을 들어 올리는 손을 떠올려도, 커피 냄새를 떠올려도, 커피 맛을 떠올려도, 컵을 드는 동작이 활성화될 수 있다. 그리고 반복 경험은 이 일련의 신경들의 연합을 더 강하게 만들어줄 것이다.

둘째, 타인의 특정 동작을 관찰하는 것만으로 그 동작을 따라 하게 될 수 있다. 다른 사람이 땅콩을 집는 동작을 지켜보는 상황을 예로 들어보자. 이때 내가 땅콩을 집을 때 일어나는 위치감각은 뇌 속에 없지만, 비록 타인의 손일지라도 손으로 들어 올려지는 땅콩의 모습과 연합된 감각세포들이 나의 뇌에서 활성화될 것이다. 이로 인해 나도 모르게 다른 사람을 따라 땅콩을 집게 될 것이다.

셋째, 타인이나 자기암시로 인해서 가능하다. 예를 들어, 수맥을 탐지할 수 있다고 하는 무속인이 수맥봉을 양손에 들고 특정 위치에 가면 수맥봉 끝이 서로 달라붙는다. 이를 지켜본 일반인이 수맥봉을 들었을 때도 같은 위치에서 수맥봉이 달라붙는다. 이는 암시에 따른 것이다. 무속인의 동작을 지켜본 일반인이 수맥봉을 들고 그 위치에 갔을 때 주변의 시각 단서들이 운동세포를 활성화해, 자기도 모르게 수맥봉이 달라붙는 동작이 나타날 수 있다. 정밀한 실험에서, 일반인의 눈을 가렸을 때는 이런 일이 발생하지 않았다.

▮▮▮ 급등주 추격매수는 왜 일어날까?

단기투자 상황에서 투자자들은 분봉차트나 호가 창을 보고 자기도 모르게 매수·매도 버튼을 누르곤 한다. 급등주를 매수한 투자자들은 급락에 따른 큰 손해를 입고 나서 '다시는 급등주를 사지 않겠다'고 마음속으로 수없이 다짐한다. 하지만 굳은 각오에도, 급등주를 다시 마주치면 자기도 모르게 또 매수 버튼을 누르고 만다. 내 몸에 귀신이 들어와 있는 것일까? 대체 왜 나는 급등하는 1분봉차트에 손을 대고 마는 것일까? 이 동작을 하는 뇌의 일부분을 떼어내면 얼마나 좋을까! 자책은 계속된다.

이 뇌동매매 동작을 이디오모터 이론으로 설명해보자. 만일 투자자가 과거에 급등하는 주식을 보고 매수 버튼을 눌러 성공한 경험을 했다면, 매수 버튼을 누른 동작과 급등하는 분봉은 대뇌 수준에서 신경끼리 연결될 것이다. 그리고 나중에 급등주를 보는 것만으로도 매수 동작을 격발할 것이다. 즉, 원인과 결과가 뒤바뀐 것이다. 이 동작은 너무나 빨리 일어나고 의도와 관계없이 일어나기 때문에 투자자는 자신의 몸이 무엇인가에 조정받고 있다는 느낌이 들 수도 있다. 분명히 깨어 있긴 한데, 내 몸이 내 마음에 따라 움직이는 것 같지 않은 느낌이다. 마치 카프카의 《변신》에 나오는 주인공 그레고리가 어느 날 자신의 몸이 곤충으로 변했을 때 몸이 제멋대로 움직이는 것처럼 말이다.

한번 급등주를 매수하면 계속해서 급등주를 찾게 되는 급등주 매수 사이클에 빠지게 된다. 다음 [그림 6-4]의 a는 이 사이클이 어떤 결과로 이어지는지를 보여준다. 자신이 매수한 주식이 초기에 수익이 나건 손실이 나건 결국 큰 손해로 이어지는데, 여기에는 감정이 개입하기 때문이다. 손실이 나면 날수록 급격히 심리가 무너지며([그림 6-4]의 b) 또다시 급등주를 매수하는 위험 추구 행동을 되풀이하게 된다.

자신의 매수 동작이 의도와 관련이 없다는 주장은 두렵기만 하다. 주식매매에 대한 책임은 본인에게 있는데, 이 말은 자신의 자유의지를 통해 매수가 일어났다는 믿음과 일치하지 않기 때문이다. 우리는 어떤 동작을 하기 전에 의식적으

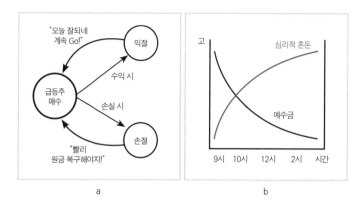

[그림 6-4] 급등주 매수와 매매 순환(a) 및 급등주 매매 실패와 그에 따른 가설적 감정 변화(b).

로 충분히 긴 시간을 가지고 고민하고 계획하는 단계를 거치는데, 이를 '사전 의도'라 한다. 책상 위에 놓인 커피 잔을 들려고 할 때 적어도 두 가지 의식이 관여한다. 첫째, 잔을 들어 커피를 마셔야겠다는 사전 의도가 포함된 의식, 둘째, 실제로 잔을 들기 직전, 잔을 드는 동작이 시작될 때 발생하는 의식이다.

뇌동매매는 무의식적인 동작이다

놀랍게도 뇌 연구에 따르면, 두 번째 종류의 의식은 동작이 시작되기 전이 아니라 이후에 생성된다. 뇌전도 장비를 이용해

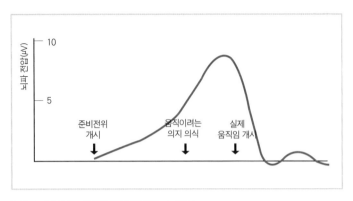

[그림 6-5] **동작과 의식의 실험 결과(Libet, 1985).**

살펴봤을 때, [그림 6-5]에서 보이듯 사람이 자발적인 동작을 할 때 뇌의 운동 영역의 활성화는 약 1초 정도 점진적으로 증가하다가 손이 움직일 때를 시점으로 서서히 감소하는 것으로 나타났다(Libet, 1985). 뇌전도는 뇌의 활동 시 나타나는 뇌파를 매우 빠르게 잡아내는 장치다. 손을 움직이기 직전 서서히 활성화가 증가하는 부분을 '준비전위'(readiness potential)라 한다. 준비전위를 하는 일정 시간 동안, 사람은 자신의 손을 움직이는 신경활동을 전혀 의식하지 못하는 것처럼 보였다. 이후에, 이 발견은 인간 뇌의 단일 신경활동 기록을 통해서도 검증되었는데, 대략 사람이 자신의 손가락 동작을 의식하기 0.7초 전에 동작과 관련된 신경들의 활성화는 이미 시작되었다(Fried 등, 2011).

능동적인 동작을 할 때조차 의식되지 않는 신경활동이 사전에 존재한다는 것은 동작의 발현이 어쩌면 자신의 의지가 아닌 다른 무엇으로 인해 시작될 수도 있음을 시사한다. 의식하기에는 매우 낮은 수준이지만 동작의 신경활동이 시작되면, 매우 희미한 의식만으로도 또는 의식이 없이도 그 동작이 격발될 수 있을 것이다. 앞에서 살펴본 암시 행동과 무의식적인 행동들의 존재가 이를 지지한다. 장이 시작하기 전 고심 끝에 매매 계획을 세웠는데, 장이 시작되고 눈앞에 나타나는 차트를 본 순간 계획은 순식간에 사라지고 급등주를 매수하는 행동도 그렇다. 또한 손실이 이미 있는 상태에서는, 손실을 복구하고 싶은 욕구가 급등하는 종목을 추격매수 하는 동작이 활성화되도록 도울 가능성이 높다.

정리하면, 두 가지 종류의 의식이 주식매매에서 존재할 수 있다. 첫째, 사전 계획에 따라 주식을 매매하겠다는 다짐을 할 때의 의도를 의미하는 의식이 있다. 둘째, 주변 단서들을 통해 자동적이고 무의식적으로 일어날 수도 있다. 뇌동매매를 줄이는 첫 단계는 자신의 매매 동작이 저절로 일어날 수 있다는 점을 인정하는 것이다. 뇌동매매는 자신도 어쩔 수 없는 자동적인 동작으로 받아들여야만 한다. 뇌동매매 습관은 결코 오랜 훈련이나 원칙을 세운다고 사라지기 어렵다. 이디오모터 이론은 한번 형성된 매수 동작과 급등주의 연합은 어떠한 강한 의지로도 끊기 어렵다는 점을 시사한다.

▌▌▌▌ 매매 동작과 연합된 다른 단서들

이디오모터 이론은 매매 동작에 대한 또 다른 예언을 한다. 즉, 생각이란 동작 운동 피드백만이 아니라, 동작이 일어날 때 함께 경험하는 다른 감각 자극들도 포함한다. 이 생각을 좀 더 확장하면 주식을 매매할 때 존재하는 주변 단서들 모두가 매매 동작을 유도할 수 있다. 사무실, 책상, 의자, 컴퓨터, 스마트폰 등 모든 물건이 매매와 연합될 수 있고, 심지어 신호등의 빨간색과 멀리 보이는 산의 능선이 주가 흐름으로 보여 매매 동작을 촉발할 수 있다([그림 6-6]).

생텍쥐페리의 《어린 왕자》에서 왕자는 사막에서 만난 여우에게 함께 놀자고 제안한다. 하지만 여우는 자신이 길들여지지 않았기 때문에 같이 놀 수 없다고 말한다. 어린 왕자는 '길들여진다는 것'이 무엇인지 묻는다. 여우는 '관계를 맺는 것'이라고 대답한다. 참으로 놀라운 여우다! 관계를 맺는다는 것은 학습의 관점에서 신경들의 연합을 의미한다.

아무리 주식매매를 그만두겠다고 다짐했어도 주식매매와 연합된 물건들을 보는 순간 자기도 모르게 매매 동작이 활성화되어 다짐은 아무 소용이 없게 된다. 주식을 끊는 것은 단순히 마음의 각오만이 아니라, 주식과 연합되거나 길들여진 모든 단서와 결별할 때 가능하다. 이사를 가는 것처럼 환경을 완

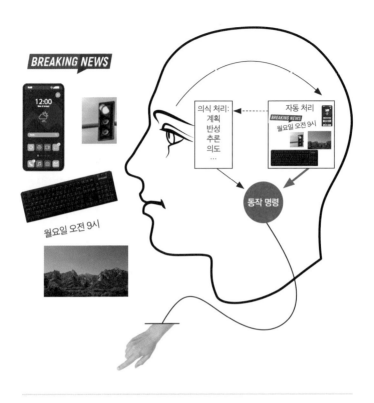

[그림 6-6] **외부 대상 지각과 자동적인 동작 격발.**

전히 바꾸는 것이 가장 효과적일 것이다. 그렇지만 이 방법은
실현 가능하지 않다. 대안으로 매매 도구를 강제로 치우는 방
법이 있다. 스마트폰이나 컴퓨터를 치우고 증권사 회원을 탈
퇴하는 것이다. 이러한 물리적인 단절 없이 다짐만으로 주식
을 끊는 것은 정말 어려운 일이다.

▮▮▮ 왜 내가 주식을 팔면 주가가 오를까?

우리가 어떤 동작을 취할 때 그에 따른 효과가 거의 즉각적으로 나타난다. 벽 위의 스위치를 켜면 천장에 불이 들어오고 계단을 걸으면 신발에서 소리가 들려온다. 일상생활에서 우리가 취한 동작에 따른 효과는 대체로 0.2초 이내에 나타난다. 이렇게 자신의 동작과 효과가 규칙적으로 연합될 때 우리는 강력한 동작의 인과성을 느끼게 된다. 반면, 특정 동작과 특정 효과의 발생이 확률적으로 낮거나 지연이 개입하면 인과성이 현저히 줄어든다.

한편, 동작과 효과 사이가 아주 짧지 않고 상당한 시간 지연이 있을 때에도 통제감(sense of control)을 느낄 수도 있다. 예를 들어, 공부를 열심히 했더니 시험 점수가 잘 나온 경우를 생각해보자. 공부를 한 일과 시험 결과가 나온 일 사이에는 상당한 시간 차이가 있다. 이렇게 동작과 결과가 즉각적이지 않아도 어느 정도 인과관계를 느낄 수 있다. 인생에서 통제감은 매우 중요하다. 스스로 마음먹으면 인생이나 환경을 얼마든지 바꿀 수 있다는 믿음은 자신감의 배경이 된다. 반면, 아무리 노력해도 '나는 안 돼'라는 학습된 무기력이 있으면, 자칫 우울증으로 빠질 염려가 있다.

단기투자에서 종종 투자자는 자신이 매수나 매도한 직후

주가 변화가 일어나는 것처럼 느끼는 경우가 있다. 이를 '통제의 착각'(illusion of control)이라고 한다. 물론 자신이 엄청나게 큰돈을 움직이는 세력이라면 주가 변화를 이끌 수 있지만, 거래량이 매우 작은 개인투자자의 매매는 주가 흐름과 전혀 관계가 없다. 이런 상황에서 자신의 매매 때문에 주가에 변화가 일어났다고 생각하는 것은 마치 아래로 흐르는 물에 손을 넣어보고는 '내가 손을 넣으니 물이 아래로 흐르네'라고 생각하는 것과 비슷하다. 하지만, 주식을 매수하고 얼마 뒤 주가가 하락해 손실을 보게 되거나 주가가 상승해 수익을 보는 것은 투자자의 동작이 원인이 된 게 맞다. 투자가 없었다면 아무런 손실과 수익이 없었을 것이기 때문이다. 그러므로 투자에서 인과관계는 투자와 주가의 관계가 아니라 투자와 손익의 관계에 있다. 따라서 매매와 주가에 대한 통제의 착각은 착시다.

주가변동률이 높거나 회전율이 높은 주식을 매수한 직후 빠르면 몇 초에서 느리면 몇십 분 사이에 수가의 변화가 일어난다. 이때, 주가가 기대한 대로 오르면 사람들은 강한 통제의 착각을 느낀다. 반면, 기대와 달리 주가가 하락하면 '내가 사면 주가가 내려가고, 내가 팔면 주가가 오른다'는 착각을 하기도 한다. 심지어 등 뒤에 CCTV가 달려 있고 자신의 매매 동향을 일일이 감독하는 것처럼 느끼기도 한다.

연구에 따르면, 주식거래에서 통제의 착각이 클수록 투자

성과가 낮다. 영국의 조직행동학 연구자 마크 펜턴 오크리비(Mark Fenton-O'Creevy)와 그의 동료들은 증권사에 근무하는 직원들을 대상으로 실험을 진행했다(Fenton-O'Creevy 등, 2003). 이 실험에서 참여자들은 50초짜리 간단한 주식매매 게임을 경험했는데, 버튼을 누르면 주가가 오를 수도 있고 내릴 수도 있다는 말을 사전에 들은 상태였다. 그런데 사실, 차트의 변화는 완전히 무작위였다. 게임이 끝난 뒤 참여자들은 자신이 누른 버튼과 주가의 변화 사이에서 느낀 통제감을 평가했다. 이를 바탕으로 연구자들은 참여자의 통제감 점수가 참여자의 학력, 근무 성적, 고참 직원의 평가 등과 어떤 관계가 있는지 검토했다. 그 결과, 통제감이 높은 직원일수록 투자 경력이 짧았고, 투자 성과와 고참 직원의 평가가 낮았다.

주식거래에서의 통제감에 대한 이 연구는 투자자의 자세에 대해 중요한 시사점을 갖는다. 통제감이 너무 높은 경우 주가가 투자자 기대대로 상승하지 않으면 쉽게 무기력에 빠질 수 있고, 이에 따라 부정적인 감정에 휩싸여 합리적인 투자를 못할 가능성이 높다. '내가 샀는데 금방 올라야지' 하는 기대가 높을수록, 주가 변화가 없거나 주가가 하락하면 손쉽게 매도하고 다른 주식을 매수할 수 있다. 반면, 주가 흐름을 자신의 동작과 별개로 객관적으로 보고 수용한다면 무기력은 덜 할 것이고, 긍정적인 관점을 유지해 좀 더 합리적인 판단을 할 가능성이 높다. 그러므로 매매 행위와 주가 흐름의 관계를 너무 인과적으로 보지 않고, 수용적으로 보는 자세가 필요하다.

⫼⫼ 뇌동매매를 막는 방법 1: 자신의 행동을 제약하라

앞서 급등주 추격매수와 뇌동매매는 자동적으로 일어나는 동작임을 설명했다. 즉 우리 몸속에 배어 있는, 실세계에서 살아가는 데 필요한 본능이 그 원인일 수 있다. 매매 버튼을 누른 손가락은 내가 움직인 게 아니라, 우리 할머니와 할아버지, 그 할머니와 할아버지… 그 할머니와 할아버지께서 누른 것이다.

과연 경험과 훈련을 통해서 급등주 추격매수를 하지 않는 게 가능할까? 아마 매우 특별한 훈련으로만 가능할 것이다. 바로 지각과 동작 회로에 직접적인 변화를 수반해야 한다. 단순히 추상적 수준에서 하는 각오와 다짐은 결코 자동적으로 일어나는 뇌동매매를 바꾸지 못한다. 다음은 추격매수와 뇌동매매를 끊어내는 매우 특별한 훈련법이다.

계획된 매매를 하라 분봉차트나 호가 창 자체를 보지 않고 사전에 계획한 대로 매매를 하는 것이다. 이것이 어렵다면 자신이 직접 매매하지 말고 누군가에게 부탁하라.

눈을 감고 외면하라 급등주를 마주쳤을 때 화면에서 재빨리 눈을 떼고 도망치는 것이다. 급등주가 검색되거나 화면에 보이지 않도록 옵션을 미리 설정하는 것도 현명한 방법이다.

가르시아 효과를 이용하라 미국의 심리학과 존 가르시아(John Garcia)는 음식을 받을 때 방사선을 함께 쬔 쥐는 그 음식을 혐오하게 되어 잘 먹지 않는다는 것을 발견했다(Garcia 등, 1955). 그런데 이 학습은 단 1회의 경험만으로 충분했다. 기존의 이반 파블로프(Ivan Pavlov)나 B. F. 스키너(B. F. Skinner)의 학습 이론에서는 학습 빈도가 학습에 결정적이라고 주장했기 때문에 가르시아의 1회 학습 이론은 큰 파문을 일으켰다. 이렇게 한두 번의 경험만으로 학습이 일어나는 것을 '가르시아 효과'라고 하는데, 주로 맛과 관련이 있다.

사람의 경우에도 우연하게 어떤 음식을 먹고 체하면, 그 음식을 멀리하게 된다. 민트 치약에 익숙한 우리나라 사람은 민트향 아이스크림을 먹기 힘들다. 옛날에 아이가 젖을 떼게 할 때도 특정 맛이 주는 거부감을 이용했다. 맛이 쓰기로 유명한 소태나무 잎을 찧어 그 즙을 젖에 바르면 아이는 한 번 빨아보고 더 이상 젖을 찾지 않게 된다.

개인투자자들은 자신이 산 주식의 주가가 급락해 큰 손해를 입으면 그 주식을 멀리하게 되는 경향이 있는데, 이것은 주식에서의 가르시아 효과라 볼 수 있다. 그런데 이상하게도 다른 주식의 급등주를 또 매수하는 행동을 지속하는 투자자도 있다. 아마 '이 주식은 다를 것'이라고 생각하는 것 같다. 급등주를 매수해 급락을 경험할 때마다 소태나무 잎을 한 장씩 씹어 먹으면 어떨까? 소태나무는 몸에 해롭지 않고 소화를 돕는다 하니, 급등주를 매수하지 않을 수 있다면 충분히 생각해볼 만한 방법이다.

주가가 떨어지는 심상을 하라 머릿속으로 떠올리는 것을 심상이라 한다. 심상은 엄마 얼굴, 홍어 냄새, 고양이 털의 부드러움, BTS의 음악 소리처럼 머릿속으로 떠오르는 모든 종류의 감각 경험을 포괄한다. 현대 심리학에서 심상은 약한 정도의 지각으로 본다(Pearson 등, 2015). 예를 들어 엄마 얼굴을 떠올릴 때, 우리 뇌는 엄마 얼굴을 실제로 볼 때 활성화되는 '얼굴 영역'이 약하게 활성화된다. 즉, 심상은 추상적인 것이 아니라 뇌에서 관련된 신경활동으로 스스로 활성화하는 것이다. 심상은 매우 강력한 도구다. 머릿속으로 떠올리는 것만으로도 실제로 경험한 것과 비슷한 신체적, 생리적, 심리적 효과가 나타날 수 있다. 다만, 뇌 활성화 정도의 관점에서 실제로 눈으로 자극을 볼 때보다 약할 뿐이다. 실제 자극이 심상보다 훨씬 강력하므로 주가가 떨어지는 것을 상상하는 것만으로는 추격매수를 멈추기 어려울 수 있다.

벽에 세력이 좋아하고 있는 모습을 담은 그림을 붙여놓고 자주 보라 사람들은 자신이 싫어하는 사람들이 슬퍼하면 좋아하고, 기뻐하면 싫어진다. 야구 중계를 보면서 상대팀을 응원하는 사람들의 표정을 봤을 때 느낀 감정을 떠올려보면 쉽게 이해할 수 있을 것이다. 급등주는 세력의 행동으로 일어나므로, 세력들이 좋아하는 모습을 떠올리면 매수하는 행동을 억제할 수 있다.

급락주를 공부하라 하루에 하나씩 급락주를 찾아 차트, 매매 동향, 뉴스와의 관계를 공부한다. 이 방법은 급등주를 추격매수하는 행동을 막는 데 매우 효과적이다. 어떻게 개인투자자가 외국인이나 기관으로부터 물량을 떠안는지를 배울 수 있고 급등주의 실체를 몸으로 익힐 수 있다.

스마트폰을 멀리 뒤라 출근길에 스마트폰을 자동차에 두고 급한 전화는 사무실 전화로 받는다. 우연히 급등주를 알게 되어도 주차장까지 멀기 때문에 포기하게 된다. 스마트폰을 몇 미터만 눈에 띄지 않는 곳에 두는 방법도 효과가 있다.

특정 장소에서만 매매하라 회사에서 1km 떨어진 카페까지 걸어가서 매매를 하는 것처럼, 특정 장소에서만 매매하는 습관을 들인다. 환경도 매매에 영향을 주므로 특정 장소에서만 매매를 하는 습관이 들면, 유혹에 쉽게 무너지지 않을 것이다.

무작위로 증권사 앱을 이용한 뒤 지워라 우리나라 증권사는 20개가 넘는다. 이 모든 증권사 투자 앱을 스마트폰에 깔고 무작위로 증권사를 골라 투자를 한 뒤 앱을 지운다. 대체 어느 앱에 어떤 주식이 들어 있는지 모를 것이다. 각 앱의 접속 비밀번호도 각기 다르게 설정해 수첩에 저고, 수첩을 장롱 깊숙이 넣어둔 다. 뇌동매매가 불가능할 것이다.

율리시스 계약을 이용하라 물리적으로 자신의 행동을 미리 제약 하는 것을 '율리시스 계약'(Ulysses contract)이라 한다. 퇴직하기 전에 퇴직금을 찾을 수 없게 한 퇴직연금제도가 율리시스 계 약의 좋은 예다. 앞서 언급한, 스마트폰 멀리 두기와 투자 앱 을 지우기가 이에 해당할 것이다. 토스증권 앱처럼 매매가 불 편한 앱을 사용하는 것도 좋은 방법이다. 왜 일정 기간 팔 수 없게 강제하는 주식 앱은 없을까? 매수하고 나서 1주일, 2주 일, 한 달 뒤에 찾을 수 있도록 강제하는 주식이 있다면 얼마 나 좋을까! 만일 사전에 찾고 싶으면 위약금을 많이 내게 하거 나 3회 위반 시 강제 탈퇴와 같은 처벌이 있는 주식 말이다.

배우자에게 투자를 맡겨라 장기투자를 하는 배우자에게 수익을 반 씩 나누기로 하고 투자를 맡겨라. 믿음도 사고 돈도 벌 것이다.

⬚ 뇌동매매를 막는 방법 2: 매수 설문을 이용하라

면접만으로 사람을 뽑는 방식이 면접관들의 생각만큼 그다지 좋은 결과로 이어지지 않는다는 것은 널리 알려진 사실이다.

집단에서 얼마나 오랫동안 성실히 근무할 것인지에 대한 면보다는 면접자의 외모, 목소리, 상냥함처럼 인상에서 오는 매력에 면접관들의 판단이 편향될 가능성이 높기 때문이다. 일찍이 미국의 심리학자 폴 밀(Paul Meehl)은 정신과 의사가 대면으로 환자의 진단을 정확하게 진단할 가능성이 몇 가지 통계에 기초해 만든 설문 점수보다 못하다는 점을 지적한 바 있다 (Meehl, 1954).

차트를 보고 주식을 사는 것은 면접을 보는 것과 비슷한 면이 많다. 특히, 데이트레이딩 상황에서 급등하는 분봉은 매우 매력적으로 보여 투자자의 이성을 잃게 만든다. 밀의 조언에 따라, 자신만의 매수 설문을 만들어 사용하는 것도 생각해볼 수 있다. 주가를 움직이는 중요한 요인과 위험 요인을 정한 다음 각 항목에 점수를 매기고 총점을 내본다.

예를 들어, 다음의 [그림 6-7]은 다섯 가지 질문으로 이뤄져 있다. 계산을 정확히 하기 위해 엑셀 프로그램에 각 항목에 대한 점수를 입력하면 총점이 나온다. 이 표에서 총점은 최고 42점이 가능하다. 가령, 매수에 대한 자신만의 기준이 30점이라면, 이를 넘으면 매수하고 그렇지 않으면 매수하지 않는 것이다. 나중에 성과를 비교하고 점차적으로 표를 수정할 수 있을 것이다. 이러한 공식을 이용하면, 적어도 직관에 따른 충동 매수는 약화되고 통계에 따른 매수가 좀 더 강화될 것이다.

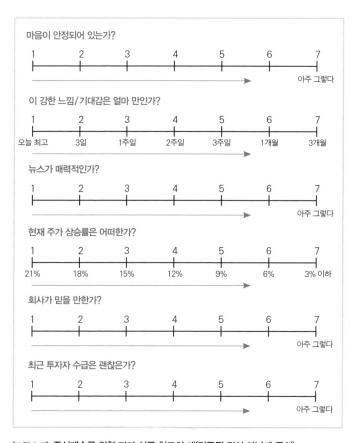

[그림 6-7] 주식매수를 위한 자가 설문 척도의 예(검증된 것이 아님에 주의).

▐▐▌▐ 뇌와 몸은 연결되어 있다

인간이 하는 대부분의 일에서, 뇌와 몸은 서로 유기적으로 협동하고, 이 협동은 매우 자동적으로 일어난다. '몸 기반 인지'(체화 인지, embodied cognition)라고 불리는 이론은 인간의 기억, 추론, 언어, 감정 등 주요 마음 작용들이 몸의 상태나 몸이 처한 상황에 영향을 받으며, 순수하게 독립적으로 마음만이 작동하지 않는다는 사실을 제안한다. 이 제안을 지지하는 증거들은 다양하게 관찰된다. 배가 고프면 우울해진다, 얼굴 표정을 밝게 지으면 기분이 좋아진다, 손가락을 움직이면 산수셈이 더 잘된다, 수확 전보다 수확 후에 농부의 인지기능이 더 좋다, 날씨가 좋으면 주식시장에 투자금이 더 증가한다 등등. '금강산도 식후경'이라는 말에도 배가 부른 다음에야 감상이라는 인지기능이 작동한다는 뜻이 담겨 있다.

한편, 뇌와 몸은 서로를 약점을 보완하기도 한다. '머리가 멍청하면 손발이 고생한다'는 말은 머리의 부족함을 손발을 움직여 채운다는 의미이기도 하다. 예를 들어, 주식으로 돈을 잃었다면 아르바이트를 열심히 해 손실을 메울 수 있다. 머릿속에 비밀번호가 기억나지 않을 때 손으로 버튼을 눌러보면 비밀번호가 풀리기도 한다. 반대로, 손발의 부족함을 머리로 메꿀 수도 있다. 육체 능력으로 돈을 버는 게 불리한 사람은 부동산 투자나 주식 투자처럼 투자를 통해 돈을 벌어 손발을 편하게 해줄 수 있다. 과학기술의 발전으로 육체노동에서 벗어나 시간의 여유가 생긴 것도 몸의 한계를 머리로 뛰어넘은 것이다. 이렇게 일상생활에서 뇌와 몸은 서로를 위해 협력하며 일하곤 한다.

그런데 수식시장의 교훈은 어떠한가? 주식을 할 때 몸은 방해가 될 수 있으므로 최대한 배제하라는 것이다. '계획을 사고 계획을 팔라'는 격언은 최대한 이성적이고 논리적으로 생각해 주식을 매매하라는 것이다. '빚내서 투자하지 마라'는 격언은 빚을 내면 초조해지고 쉽게 감정적이게 되어 이성을 방해하므로 몸이 처한 상황을 배제하라는 뜻이다. 그런데 완전히 몸을 떼고 머리로만 생각하는 게 가능할까? 안타깝게도 가능하지 않으며 다만 정도의 차이만 있을 뿐이다. 몸을 배제하고 머리로만 주식을 하라는 것은 몇천억 원짜리 최신 전투기를 수입해서 조종석에 붙어 있는 컴퓨터시스템으로 엑셀 프로그램을 돌리는 일과 비슷하다.

주식을 하는 목적은 몸을 위한 것이다. 돈을 벌어 현재나 노후에 몸을 편하게 하기 위함이 아닌가? 일상생활에서 얻은 많은 교훈은 몸을 긍정적으로 유지하면 오히려 뇌의 기능이 더 좋아질 수도 있다고 제안한다. 아리스토텔레스학파를 종종 '소요학파'(peripatetic school)라 부르는데, 여기서 'peripatetic'은 '걸어 다니는'(walking about)을 뜻한다. 아리스토텔레스가 제자들과 산책하면서 공부를 했다는 말에서 유래했는데, 이는 걸음이 공부에 중요한 도구였음을 시사한다. '사유하기 위해 걷는다'는 말은 니체와 같은 유명 철학자들 사이에서 수도 없이 등장한다. 대니얼 카너먼과 아모스 트버스키도 대부분의 좋은 연구 아이디어는 실험실이 아닌 함께 걸으면서 나왔다고 말하지 않는가! 이미 많은 심리학 실험 결과도 이를 뒷받침하고 있다. 에어로빅 수업에 참가하는 노인들의 인지기능이 좋다는 연구 결과나(Kramer 등, 1999), 걸을 때 창의적인 생각이 더 많이 나온다는 것을 보여준 연구 결과(Oppezzo & Schwartz, 2014)가 그 예다.

그러므로 주식거래에서 몸을 방해물로 생각할 게 아니라, 긍정적으로 이용하는 방법을 모색할 필요가 있다. 인지기능에 대한 몸 활동의 중요성은 일종의 '몸 주식'을 할 것을 조언한다. 편안한 소파에 머물기보다 작은 오솔길을 따라 걷다 보면 좋은 결론에 이를 수 있을 것이다.

7장

주식 투자자의 시간은
다르게 흐른다

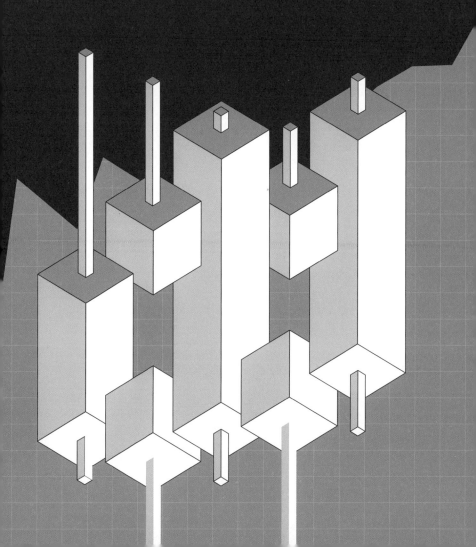

주식은 시간감정을
통제할 줄 모르는 사람이
돈을 빼앗기는 일이다.

우리는 일상생활에서 늘 시간을 비교하고, 아낄 방법을 고민한다. 아침은 간단히 토스트로 때운다. 놀이공원이나 극장을 갈 때 미리 온라인으로 표를 끊어둔다. 시내에 업무를 보러 갈 때 교통 상황을 따져 택시보다 지하철을 이용한다. 서울에서 강릉으로 휴가를 갈 때 내비게이션의 안내에 따라 가장 빠른 도로를 선택한다. 이렇게 우리는 시간을 아끼려는 노력이 습관화되어 있고, 또 이런 행동이 효율적이기도 하다. 특히 사는 곳이 도시라면 더욱 그렇다.

국가와 사회의 관점에서 볼 때도 시간은 아껴야 할 대상이다. 역사적으로 산업과 사회의 발전은 좀 더 빠른 방법을 고안하는 과정이었다. 자동차, 기차, 비행기 같은 교통수단은 이동 시간을 줄여준다. 굴착기, 크레인, 농기계는 무겁고 힘든 일들을 금방 해치운다. 공장의 분업화되고 자동화된 공정은 제품 생산 시간을 줄여준다. 가정의 세탁기, 건조기, 청소기 등은 집안일에 드는 시간을 줄여준다. 패스트푸드와 간편식은 식사 준비 시간을 줄여준다. 인터넷과 스마트폰은 중요 정보를 찾는 데 드는 시간을 줄여준다. 컴퓨터는 전산 처리를 엄청나게 빠르게 해준다. 1980년대만 해도 대학원 실험실에서 통계 처리를 하려면 선후배를 동원해 계산기를 두드려도 7일이 걸렸다. 이제는 통계 프로그램에 데이터만 넣고 분석 버튼만 누르면 1초 만에 결과가 나온다.

주식매매도 1990년대만 해도 매수 주문을 하면 3일 뒤에 계좌에 주식이 들어왔다. 지금은 버튼을 누르는 순간 매수가 된다. 이렇게 시간은 아끼는 것이며, 어떤 일을 하는 방법이 두 가지가 있으면 시간이 덜 걸리는 쪽을 택하는 것이 습관화되어 있다. 우리는 어려서부터 이렇게 배웠고, 이렇게 행동해야만 살아남을 수 있다. 한국 사회의 빨리빨리 문화는 오늘날 우리나라를 발전시키는 원동력이다. 그런데, 주식 세계에서는 어떨까?

♦♦♦ 짧은 매매가 효율적이라는 믿음

이론적으로 단기매매가 장기매매보다 훨씬 효율적이다. 즉, 동일한 돈을 짧은 시간에 버는 것이 긴 시간에 버는 것보다 효율적이다. 따라서 초단기매매, 단기매매, 중기매매, 장기매매 순서로 효율적이다. [그림 7-1]에서 볼 수 있듯이, 저점에 사서 고점에 파는 일을 최대한 빈번하게 할수록 이익이 장기매

[그림 7-1] 매수와 매도 위치에 따른 수익과 손실(5분봉). 출처: 다음 금융

매보다 몇 배 더 많을 수 있다. 홀수 지점(1, 3, 5)에서 사서 짝수 지점(2, 4, 6)에서 파는 것이 1번에서 사서 6번에서 파는 것보다 두 배 이상 더 벌 수 있다. 마치 프랙털(fractal) 이론에서 말하듯, 같은 거리라도 작은 곤충에게는 거리가 훨씬 먼 것처럼 말이다. 이 얼마나 멋진 일인가! 그러나 현실은 정반대다. 고점인 짝수 지점(2, 4, 6)에서 사서 급락에 놀라 저점인 홀수 지점(3, 5, 7)에서 팔게 된다!

통계적으로 시간이 적을수록 주가 이익은 적어지며, 시간이 많을수록 주가 이익이 커진다. 잦은 거래를 해 종목을 보유하는 시간이 짧아지면 이익은 떨어질 수밖에 없다. 자본시장연구원에 따르면, 코로나19로 경기가 위축되었다 점차 상승 국면으로 전환되던 2020년 3월에서 10월 사이, 대부분의 주식의 주가지수가 큰 폭으로 올랐음에도 60%의 개인투자자들이 오히려 손해를 봤다. 주요 원인은 잦은 매매 탓이었다(김민기 & 김준석, 2021). 특히, 신규 투자자의 종목 변경이 심했다. 이 결과는 신규 투자자에게 주식 투자에 맞지 않는 시간과 관련된 특별한 성질이 있음을 암시한다.

주식 세계에서는 현실과 다르게, 시간의 비효율성을 따르라고 충고한다. 보유한 주식의 주가가 정체되어 있을 때 급등하는 다른 주식을 봐도 모른 체해야 한다. 반면, 현실에서는 엘리베이터를 기다리다가 옆쪽 엘리베이터가 먼저 도착하면 그쪽으로 뛰어가 타야 사무실에 더 빨리 도착할 수 있다. 이 실생활의 교훈은 급등하는 주식을 사야 시간 대비 더 높은 수익을 얻을 수 있으므로 급등주를 사라고 부추긴다.

주식에서는 자신의 주식이 값이 떨어져도 참고 견뎌야 한다. 하지만 여기에는 근본적인 어려움이 있다. 내 몸과 머리는 이미 현실 세계의 시간 절약 습성에 흠뻑 젖어 이를 이겨내기가 너무도 힘들다는 것이다. 의식적인 뇌는 습관적인 뇌를 이길 수가 없다.

▮▯▮ 시간은 감정이다

일상생활에서 시간은 주로 비교의 의미로 쓰인다. 시간을 기술하는 형용사들은 '빠르다-느리다', '길다-짧다', '부족하다-충분하다', '없다-있다', '이르다-늦다' 등으로 서로 대비가 분명하다. 이것은 우리가 시간의 상대성에 매우 민감함을 시사한다. 시간을 단순히 평가하는 것으로 그치는 경우도 있지만 많은 경우 행동으로 이어진다. '오늘 하루가 길었어', '인생이 참 빠르다' 등은 평가하는 것이다. 반면, '버스가 올 시간인데 이러다 늦겠는걸, 뛰어가자', '시험 종료가 얼마 남지 않았으니 서둘러 답을 옮겨 적어야겠어', '약속 시간이 많이 남았는데 책방에 가서 책 좀 보다 갈까?' 등은 시간 평가를 넘어 행동으로 이어지는 것이다. 그러므로 시간을 어떻게 평가하느냐에 따라 행동이 달라질 수 있다.

시간이 행동을 일으키는 동기가 된다는 점에서 시간은 감정에 가까운 개념이다. 사실 시간 평가는 감정과 함께하는 경우가 대부분이다. 지루함과 조급함은 대표적인 시간감정으로 시간 평가와 감정이 함께 일어난다. 시간이 느리게 가는 것 같고 시간에 대해 자주 생각하면 지루함(boredom)이 일어난다. 반면, 기차역에 빨리 도착해야 하는데 시간이 너무 빠르게 가는 것 같을 때는 조급함이 일어난다. 일상생활에서 시간감정

은 시간을 효율적으로 사용하도록 채찍질하는 기능을 하므로
필수적이다.

▪▪▮▪ 감정은 이성뿐 아니라 주식도 잃게 만든다

감정은 매우 중요한 기능을 한다. 사람에게 어떤 선택과 실행
을 할 동기를 부여한다. 감정이 없으면 몸이 움직이지를 않는
다. 호랑이를 만난 토끼는 무서움이라는 감정 상태가 되고 이
감정에서 벗어나기 위해 도망친다. 만일 토끼가 감정이 없다
면 자리를 피하지 않을 것이다. 투자자에게 감정은 특정 종목
을 매수하고 매도하는 행동을 하게 한다. 감정이 없다면 매매
도 없을 것이다. 하지만 감정은 부정적인 면도 있다. 주가 손
실로 인해 깊은 시름에 빠지면 이성이 마비되고 공격적이고
원시적인 행동이 나올 수 있다. 이를 '편도체 납치'(Amygdala
hijack)라 한다(Goleman, 2012).

편도체는 아몬드 모양의 뇌 기관으로 감정을 관장하는데,
위험에 맞서 싸울 것인지, 도망칠 것인지를 재빨리 판단해 필
요한 스트레스 호르몬을 분비하게 한다. 편도체의 작동은 아
주 빠르고 강력해서 이성의 뇌로 알려진 전두엽이 개입하기
어렵게 만든다. 편도체의 신속한 활동은, 위험이 가득했던, 그

래서 생각보다 몸이 먼저 움직여야 하는 원시시대에는 효율적인 역할을 했을 것이다. 하지만 그런 위험이 크게 줄어들고 논리적이고 이성적인 사고를 해야 하는 현대인에게는 심각한 결과를 초래할 수도 있다. 즉, 감정적 흥분으로 이성적 사고가 마비되는 경우가 그렇다.

기쁜 소식이나 슬픈 소식을 들으면 우리 몸은 거의 즉각적인 변화를 일으키고 마음은 감정적인 상태가 된다. 이 과정이 채 1초도 걸리지 않는다. 1분봉차트의 급등과 급락은 매우 큰 감정 변화를 즉각적으로 일으킨다. 급등은 긍정적인 기분이, 급락은 부정적인 기분이 뒤따라온다. 만일 자신의 주식이 급락한다면 하늘이 노래지고 몇 초 동안 의식이 혼미해지면서 이성적인 판단을 하지 못하게 된다. 이 상태에서는 손실금을 복구하겠다는 생각만이 남고 급등주를 찾아 공격적으로 추격 매수에 나선다. 또 한 번 손실을 보고 또다시 급등주를 건드린다. 몇 차례 같은 일이 반복된다. 감성의 늪에 빠져 순식간에 엄청난 손실 상태에 이른다.

시중의 주식 책들은 하루 동안의 손실액을 정해놓고 이를 넘기면 매매를 중단하도록 권고한다. 하지만 훈련이 안 된 개인투자자들이 이를 지키는 것은 거의 불가능하다. 뇌가 편도체에 납치된 상태이기 때문이다. 그렇다면 이 상태에서 어떻게 빠져나올 수 있을까? 몸과 감각으로 뇌를 깨워야 한다. 낚시 가게에 가서 막대가 달린 방울을 사서 준비해두라. 철물점에서는 방울을 팔지 않는다. 가령 하루 손실액이 5%를 넘기는 순간 방울이 달린 막대를 두 손으로 잡고 하늘 높이 쳐든 후 1분 정도 세차게 흔들어대는 것이다. 악귀를 쫓아내기 위해 굿판을 벌이듯 말이다. 방울 소리가 당신의 뇌에 변화를 줄 것이다. 그다음 눈을 감고 기어서 밖으로 나오라. 그리고 앞을 향해 빠르게 걸으라. 한동안 걸으면 뇌가 서서히 감정의 늪에서 빠져나오고 있음을 느끼게 될 것이다.

만일 감정이 1초보다 훨씬 빨리 반응한다면 어떻게 될까? 가령 1,000분의 1초 만에 감정적으로 변한다면 어떻게 될까? 그리고 분봉차트가 '초봉'차트가 된다면? 아마도 우리는 훨씬 더 많은 감정 기복을 겪을 것이다. 이 점 때문에 단기투자자는 장기투자자보다 불리하다. 단기투자자는 훨씬 빠르고 자주 감정적일 수밖에 없고, 더 빈번하게 감정의 늪에 빠질 위험에 노출되어 있다.

단기투자자는 주가라는 추위 상황에서 얇은 옷을 입고 있다. 즉, 주가의 변화에 쉽게 추위를 느낀다. 모든 분봉차트는 주가 변화에 따라 1분봉이건 30분봉이건 막대의 길이가 사실상 초 단위로 바뀐다. 다만, 시간이 긴 분봉차트일수록 전체적인 경향을 유지하는 색을 보존한 채 막대 길이가 바뀌지만, 1분봉차트처럼 짧은 차트일수록 급락의 막대가 파란색으로 표시된다.

그러므로 급락의 경우 1분봉차트보다 5분봉차트 이상이 심리적으로 덜 불안하게 한다. 1분봉은 세밀하게 주가의 변화를 보여주는 장점이 있지만, 급등과 급락이 1분 단위로 표시되므로 심리에 큰 변화를 준다. 이것이 전체적인 시세와 경향을 뒤로 한 채 재빨리 매수·매도 버튼을 누르게 하는 원인이 된다.

⡂⡊ 감정 회복에는 최소 90초가 걸린다

감정의 늪에서 인내심으로 빠져나올 수 있을까? 감정이 일어나는 것은 즉각적이지만, 평상심의 회복은 그보다 훨씬 오래 걸린다. 이것이 감정의 비대칭이다. 뇌 연구에 따르면, 감정적 사건으로 촉발된 우리 몸의 화학적·생리적 변화는 적어도 90초는 지나야 원래대로 돌아온다(Taylor, 2009). 그런데 부정적인 사건이 계속 마음속에서 반복해 상기되면 감정이 회복하는 데에는 수년이 걸리거나 회복이 영영 안 될 수도 있다.

'90초의 규칙'(90 second rule)이란 감정적인 반응 이후 90초 동안 심호흡을 하면서 자신의 생리적 파도가 잠잠해지기를 기다리면 몸의 생리가 정상 상태로 돌아오고 이에 따라 심리 상태도 안정적으로 돌아올 수 있음을 말한다. 즉, 주가 급락에 따른 손실을 확인한 뒤 최소한 90초의 시간이 필요하다. 이 시간 동안 매도와 매수를 참고 감정이 차분해질 때까지 기다려야 한다. 만일 손실을 안고 있는 경우, 잦은 주가 확인은 부정적인 감정이 오랫동안 지속되게 할 가능성이 높다. 빨리 벗어나고 싶어 매도하고 다른 급등주를 황급히 매수하고 싶게 된다.

예를 들어, 갑이라는 주식이 있다고 하자. [그림 7-2]에서 위쪽 그래프는 하루 동안의 가설적인 주가 변화다. 서로 다른 세 투자자가 A, B, C 지점에서 매수를 했다고 했을 때, 아래쪽 그래프는 각각의 수익률 변화다. A는 기존 주주로 수익률이 주가의 흐름과 일치하고, B의 수익률은 보합을 보이고 있다. 고점 바로 아래 눌림목이라 생각하고 매수했다가 높은 가격에 물린 C의 수익률은 처음에 조금 올랐다가 크게 떨어지고 있다.

주가를 바다라고 했을 때, A는 깊은 바다에 있다. 이미 높은 수익을 안고 있어 위에서 일어나는 주가의 변동에 신경 쓰지 않고 우상향하는 주가를 흐뭇한 마음으로 바라볼 것이다. B는 수면 바로 아래에 있어 주가의 변동에 안절부절못하고 웬만하면 팔고 나올 타이밍을 보고 있을 것이다. C는 수면 위에서 철썩이는 파도를 온몸으로 맞고 있다. 전반적으로 이 주식의 주가는 우상향하고 있지만 C의 손실은 우하향하고 있어, 주식의 장기적 가치보다는 지금 이 순간 자신의 손실에 더 주의를 할 것이고 지속적으로 부정적인 감정에 휩싸여 조금이라도 빨리

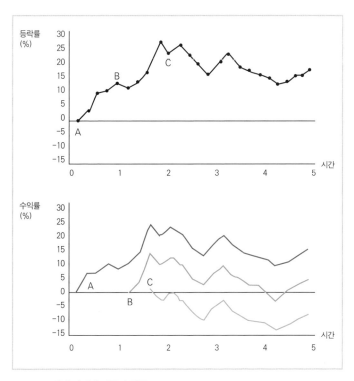

[그림 7-2] 매매 시점에 따른 수익률.

벗어나고 싶어 할 것이다. 그러므로 이미 급등한 주식을 사는 것은 여러모로 큰 손해를 떠안고 시작하는 일이다.

주식을 매수할 때 마음가짐은, 자전거 바퀴와 길의 굴곡에 비유할 수 있다([그림 7-3]). 회사의 가치와 시장의 기대감에 주목하고 큰 시야를 가지고 주식을 보유한다면, 울퉁불퉁한 길을 바퀴가 큰 자전거를 타고 가는 것과 비슷하다. 길 위의 작은 굴곡쯤은 부드럽게 지나갈 수 있다. 반면, 작은 시야를 가

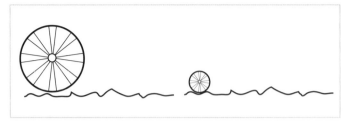

[그림 7-3] 주가 등락을 대하는 마음가짐을 바퀴에 비유했을 때.

지고 주식을 매수한다면, 주가의 작은 변화에도 감정적으로 심하게 흔들릴 수밖에 없어 단기매매로 이어질 가능성이 크다. 다른 말로 표현하면, 가까운 미래에 매도할 것인지 먼 미래에 매도할 것인지에 따라 주가의 변화에 견고해지는 정도가 달라진다.

일상생활에서 감정은 의사결정에 중요한 영향을 미치고, 거의 언제나 같은 방향으로 일어난다. 이를 기분-일치 판단 효과(mood-congruent judgement effect)라고 한다. 예를 들어, 긍정적인 기분일 때에 비해서 부정적인 기분일 때 교통사고나 범죄와 같은 좋지 않은 일들이 실제 통계보다 더 많이 일어난다고 판단하거나(Johnson & Tversky, 1983), 행복한 사람은 좋은 날씨가 나쁜 날씨에 비해 더 자주 일어날 것이라 기대한다(Bower, 1981). 투자에서도 이런 일이 일어날 가능성이 매우 높다. 이득을 본 경우 다음 투자도 낙관적으로 생각하고 성급하게 다른 주식을 살 수 있고, 손실이 난 뒤에는 기분이 매우 나

빠져 투자를 자신 있게 못할 수 있다. 가장 위험한 경우는 손실을 본 직후인데, 이성을 잃고 손실을 메우기 위해 다른 급등주를 매수할 수 있기 때문이다. 다음은 부정적인 감정이 들 때 취할 수 있는 몇 가지 감정 조절 전략이다.

인지적 재평가 부정적인 감정을 긍정적으로 해석하는 것이다. 예를 들어, '이런 때는 이렇게 하면 안 되는구나. 좋은 공부가 되었어' 하고 생각하는 것이다.

수용과 마음 챙김 특별한 의미를 부여하지 않고 부정적인 감정이 흘러가도록 가만히 감정에 집중하는 것이다. 이 방법은 자신의 감정을 객관적인 시선으로 바라봄으로써 이성을 감정으로부터 분리해 합리적인 판단을 하도록 도와준다.

이완과 명상 가만히 앉아 명상하기, 조용한 음악 듣기, 자신의 심장에 손 올려두기, 가볍게 걷기 등을 통해 몸을 이완시키는 것이다.

이러한 감정 조절 전략들은 부정적인 감정을 완화하고 감정에 휩쓸려 행동하는 것을 막는 효과가 있다. 한편, 많은 사람이 부정적인 감정을 억누르거나 꾹 참기도 하는데 이 방법은 위에서 열거한 방법에 비해 효과가 매우 떨어진다고 알려져 있다. 부정적인 감정이 들 때는 가능한 한 매매를 멈추고 마음이 진정될 때까지 시간을 갖는 것이 좋다.

▌▌▌ 얼마나 기다릴지를 먼저 정하라

일상생활에서 어떤 동작을 하고 난 뒤 그에 대한 반응이나 변화 사이에는 시간이 존재한다. 다음의 [그림 7-4]에서 볼 수 있듯이, 어떤 반응은 매우 짧고, 어떤 일은 매우 느리게 일어난다. 일상생활에서 이런 일을 할 때는 동작에 따른 반응이 어느 정도 뒤에 일어날지에 대한 기대가 동작을 취하기 전에 이미 머릿속에서 일어난다.

주식매수에서도 마찬가지다. 만일 급등주를 발견하고 즉각적으로 매수를 한다면, 수익을 가리키는 빨간불이 곧장 들어오지 않으면 초조해지기 시작할 것이다. 만일 충분히 생각하고 어느 정도 기다려야겠다고 마음먹고 매수한다면, 그에 맞는 시간을 기대하게 될 것이다. 따라서 주식을 매수하는 순간, 얼마나 오랫동안 기다릴지를 먼저 정하는 것이 심리적으로 안정이 된다.

어떤 주식을 산다는 것은 그 주식 세계의 시간에 따라야 함을 의미한다. 주가 변화를 시간이라고 가정할 때, 주가 변화가 큰 주식은 시간이 빠르게 가는 세계다.

동작	결과	시간차
벽 스위치 누르기	천장에 불 들어옴	0.1초
엘리베이터 버튼 누르기	엘리베이터 도착	30초
커피머신 버튼 누르기	커피 나옴	3분
밥솥 버튼 누르기	밥이 됨	30분
휴대폰 메시지 보내기	답신이 옴	1시간
이메일 보내기	답장이 옴	3시간
빠른 등기 보내기	도착	2일
편지 보내기	도착	3일
깻잎 농사	깻잎 수확	45일
벼농사	벼 수확	4개월
인삼 농사	인삼 출하	3년
자식 농사	자식 분가	30년

[그림 7-4] 일의 종류에 따른 동작과 반응 사이의 지연.

▌▌▌ 매수 후 시간은 왜 느리게 갈까?

일상에서 무엇인가를 기다릴 때는 시간이 느리게 가는 것처럼 느껴진다. 남자라면 군대에 있을 때 시계가 얼마나 느린지를 잘 알 것이다. 무엇인가를 기다릴 때 우리는 끊임없이 시간에 주의하고 얼마나 시간이 지났는지를 확인한다. 왜 무엇인가를 기다리는 시간은 느리게 갈까?

이 질문에 대해 '주의 관문 이론'(attentional gate theory)은 가장 훌륭한 답을 제공한다(Gibbon 등, 1984; Zakay & Block, 1997).

이 이론은 일종의 내부 시계 모형으로, 실생활에서 쓰는 시계와 비슷한 원리로 작동하는 시계가 뇌 속에 들어 있다고 가정한다. 세 가지 중요한 부품을 가정한다. 가장 먼저, 일정한 시간마다 왔다갔다하는 시계추 또는 진동자와 같은 역할을 하는 페이스메이커가 있다고 전제한다. 전자시계에서 주로 사용하는 수정 진동자는 1초에 32,768회를 진동한다. 이 진동이 일정하므로 이 횟수를 1초로 삼고 이를 누적하여 '분'(minute)과 '시'(hour)를 결정한다. 마찬가지로 뇌 속에 들어있는 페이스메이커는 가장 기초 수준에서 일정한 펄스를 발생시키고 높은 수준에서 이를 누적하여 시간을 지각한다고 가정된다. 즉, 펄스의 총합이 적으면 시간이 적게 흐른 것이고, 펄스의 총합이 많으면 시간이 많이 흐른 것이다.

이 모형에서 두 번째와 세 번째로 중요한 부품은 펄스가 지나가는 관문(gate)과 펄스를 세는 계수기(counter)다. 페이스메이커에서 발생된 펄스는 관문을 지나치고 계수기에서 펄스가 누적된다. 그런데 여기에서 관문은 주의의 영향에 따라 많이 열리기도 하고 적게 열리기도 한다. 만일 어떤 사람이 시간에 주의를 하면 관문이 활짝 열려 발생된 펄스가 많이 지나가 그만큼 많이 계수기에 누적되고([그림 7-5]의 a), 이 사람은 계수기의 펄스의 양을 보고 시간이 많이 흘렀다고 생각하게 된다. 반대로, 이 사람이 시간이 아닌 다른 일에 주의를 하면 관문이 적게 열

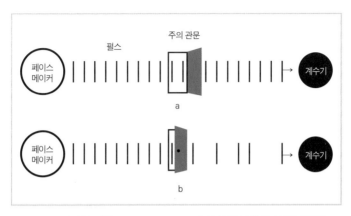

[그림 7-5] 주의 관문 모형(attentional gate model)에서 펄스의 발생과 주의의 역할.

려 발생된 펄스가 조금밖에 지나가지 않아 적게 누적되고([그림 7-5]의 b), 시간이 조금밖에 흐르지 않았다고 생각하게 된다.

이 각각의 경우를 실생활의 상황을 가정해서 생각해보자. 먼저, 누군가를 또는 어떤 중요한 결과를 기다릴 때 사람들은 자꾸 시간에 주의하곤 한다. 주의 관문 이론에 따르면 이런 경우 페이스메이커에서 발생된 펄스는 활짝 열린 관문을 통과해 계수기에 많이 누적될 것이고, 사람들은 시간이 많이 흘렀다고 생각하게 된다. 그런데 막상 실제 시계를 보면 시간이 너무 느리게 가는 것처럼 느낄 수 있다.

중요한 시험을 치를 때 집중하느라 시간에 주의를 하지 못하는 경우를 살펴보자. 이때는 페이스메이커에서 발생된 펄스가 좁아진 관문을 많이 빠져나가지 못해, 계수기에 누적이 적게 된다. 따라서 시간이 적게 흘렀을 것이라고 생각할 것이다. 하지만, 시험을 보는 사람은 실제 시계를 보았을 때 시간이 너무 빠르게 간 것처럼 느낄 것이다.

한편, 자신이 매수한 주식의 주가를 자주 확인할 때는 시간이 느리게 가는 것처럼 느껴진다. 이 현상은 주의 관문 이론으로 설명하기 부족하다. 왜냐하면, 주의 관문 이론은 시간 자체에 주의를 둘 때 느리게 가는 현상을 설명하는데, 주가처럼 특정 사건을 자주 확인하는 것은 시간을 확인하는 것과 다르기 때문이다. 영국 속담 중에 '보고 있는 주전자는 결코 끓지 않는다'라는 말이 있다. 어떤 일을 기다리고 있을 때는 그렇지 않을 때보다 시간이 더디게 간다는 뜻인데, 실제로 실험으로도 증명되었다(Cahoon & Edmonds, 1980). 또 기다리는 일에 대한 기대와 동기가 높을수록 시간이 느리게 간다(Filer & Meals, 1949). 마찬가지로 주식을 매수할 때 투자자는 오를 것이라는 기대로 잔뜩 부풀어 있으므로, 주가를 자주 확인하면 시간이 느리게 가고 주가가 너무 정체되어 있다고 생각할 것이다.

채워진 간격(filled-interval) 이론에 따르면, 특정한 일을 반복해서 떠올리는 인지적 사건의 빈도나 물리적 · 사회적 사건의 빈도가 시간 지각에 중요하다고 주장한다(Filer & Meals, 1949; Ornstein, 1969). 기다리는 일에 대해 많이 생각할수록 시간이 많이 흘렀다고 지각할 것이고, 낮에 많은 일이 있었던 날이면 '참 오늘 하루 길었다'고 느껴질 것이다. 반면 하루 종일 특별한 일 없이 시간을 보낸 노인은, 시간이 화살처럼 빠르게 간다고 느낄 수 있다. 마찬가지로 인생에서 많은 일을 한 사람이 그렇지 않은 사람보다 인생이 길었다고 느낄 것이다.

이 이론을 주식 장면에 적용하면, 자신이 붙들고 있는 주식의 주가를 계속 확인할수록, 그리고 주가나 거래량이 변화를 거의 보이지 않을수록, 시간이 느리게 흐르고 지루하다는 감정이 발생한다. 결국 채워진 간격 이론에서 인지적 사건의 빈도는 주의 관문 이론에서 펄스와 비슷한 역할을 하는 것이다.

시간의 주의 관문 이론과 채워진 간격 이론은 설명이 조금 다르지만 같은 결과를 예측한다. 시간 이론들은 주식을 매수한 뒤 시간과 주가에 너무 몰두하거나, 금세 변화가 일어날 거라는 큰 기대를 하지 말라고 제안한다. 이런 때는 그저 '내일을 보자'라거나 '멀리 보자'라는 생각이 도움이 된다.

▮▸▮◂▮ 알고 기다리는 것과 모르고 기다리는 것

기다림에는 그 끝을 아는 경우와 모르는 경우 두 가지가 있다. 끝을 알고 기다리는 경우가 그렇지 않은 경우보다 지루함과 고통이 덜하다. 마치 산의 정상이 어딘지 알고 올라가는 것과 모르고 무작정 올라가는 것의 차이와 비슷하다. 기다림의 끝을 알고 있을 때는 다른 일을 하며 기다리는 시간을 때울 수가 있지만, 그렇지 않다면 계속해서 주시해야 하기 때문에 피로가 쌓인다. 예를 들어 가끔 오는 버스를 기다릴 때를 떠올려보자. 정차 시간을 알면 다른 일을 하면서 버스 시간이 되었는지 확인하면 되지만, 모르는 경우에는 모든 버스를 일일이 눈으로 확인해야 한다.

최근에는 기다림의 끝을 실시간으로 알려주는 서비스가 많아지고 있다. 지하철 승강장에서는 앞으로 올 열차가 어느 역에 있는지 모니터로 보여주고, 버스 정류장에서는 버스가 몇 분 뒤에 도착하는지 모니터에 나타난다. 은행이나 병원에서 번호표를 받고 기다리면 '딩동' 소리와 함께 전광판에 내 번호가 뜨고, 레스토랑이나 카페에서 내 차례를 알려주는 진동벨은 기다리는 지루함을 약화한다.

주가에 미치는 영향력이 큰 세력은 그렇지 못한 개인 투자자들에 비해 시간을 통제할 수 있는 권한을 더 많이 가지고 있다. 즉, 세력은 주가를 언제 올릴지 언제 내릴지를 미리 알고 있다. 이 점에서 개인투자자보다 세력이 더 우월한 위치에 있다. 개인투자자가 기다리는 시간은 몇십 분이 될 수도 있고 며칠이 될 수도 있다. 막연하게 기다리다 지쳐 '아무도 관심이 없나 보다' 하고 그만 매도하고 나가는 경우도 있다.

세력은 이런 개인투자자들의 마음을 잘 이용한다. 금방 주가를 올리거나 내리지 않고 자신들이 유리할 때를 정해 행동에 나선다. 심지어 종종 특정 주식에 관심이 없는 것처럼 상당한 수량을 매도하고 며칠 동안 시장을 떠난 척하기도 한다. 그러므로 자신이 산 주식의 기대 가치가 충분히 남아 있다면 끈기를 가지고 기다리는 자세가 중요하다.

♦◦♦ 매수 후 다른 급등주를 확인하는 것은 왜 좋지 않을까?

주가 확인을 자주 하면 시간이 많이 흘렀다고 생각하지만 그에 비해 주가는 거의 제자리라고 느낄 수 있다. 여기에 더해서 시간 자체에 대한 기대 역시 중요하다.

장기투자를 목적으로 매수한 경우라면 매수 후 30분 정도는 아무것도 아니지만, 초단기투자자들에게 30분은 엄청나게 긴 시간이다. 만일, 이때 주가가 빠르게 상승하는 다른 주식을 본다면 자신의 주식에 대한 믿음이 흔들리고 그 주식을 매수하고 싶어질 것이다. 그렇게 갈아탄 주식의 주가가 계속 오르면 다행이지만 사자마자 주가가 떨어지기 시작해 곤두박질친다면 크게 당황하고, 손실을 복구하려는 마음 때문에 다른 급등주를 추격매수 하는 위험한 덫에 빠질 수 있다. 그러므로 매수한 주식의 주가를 너무 자주 확인하거나 다른 급등주를 검색하는 일을 자제하는 것이 좋다. 이런 위험을 생각하면 여러 주식의 주가를 끊임없이 확인하는 전업투자자가 오히려 불리할 수 있다.

더욱이 스마트폰을 손에 쥐고 있는 한 주가를 확인하지 않는 것은 매우 어려운 일이다. 러시아의 심리학자 블루마 자이가르닉(Bluma Zeigarnik)은 1927년 재미있는 실험 결과를 발표했다(Zeigarnik, 1927, 1938). 학교에서 아이들과 교사들에게 18개에서 22개의 시험 문제를 주고서, 시험 문제의 절반은 중도에 방해를 해서 끝맺지 못하게 했고 나머지 절반은 모두 풀게 했다. 시험이 모두 끝난 뒤 어떤 문제를 기억하는지 물었더니, 풀지 못한 문제를 푼 문제보다 두 배 더 많이 기억했다. 이렇게 미완성된 사건을 더 잘 기억하는 것을 '자이가르닉 효과'라 한다. 문제를 미처 끝내지 못했을 때는 마음속에 내적 긴장이 남게 되고, 긴장이 끊임없이 해당 문제를 상기시키는 것처럼 보인다.

마찬가지로, 투자자에게 자신이 산 주식의 주가는 영원히 풀리지 않은 문제와 같다. 주식을 팔기 전까지는 끊임없이 되뇌게 되고 확인하게 된다. 주가를 자주 확인하는 것을 막을 수 없다면, 주가를 확인할 때마다 자신이 세웠던 원래 계획을 함께 상기하는 것이 대안이 될 수 있다. 자신이 계획한 대로 처신하고 있는지를 확인해서 뇌동매매를 막는 것이다.

시간은 개인투자자에게만 불리한 요인일까? 아마도 그렇지 않을 것이다. 외국인과 기관투자자는 고객이 맡긴 돈으로 투자를 하기 때문에 빠른 시간 안에 수익을 만들어야 하는 압력에 시달릴 것이다. 반면 개인투자자는 스스로 투자금을 운용하기 때문에 타인의 압력으로부터 자유롭다. 따라서 개인투자자에게 시간은 큰 무기가 될 수 있다.

╻┉╻ 매도 후 시간은 왜 느리게 갈까?

보유 중인 주식의 주가가 급락하는 모습을 보고 매도를 했다면, 갑자기 시간이 정지된 것처럼 너무 느리게 느껴진다. 내일이란 영원히 오지 않을 것만 같다. 그런데 수익을 보고 매도한 경우도 시간이 더디게 가는 것처럼 느껴진다. 두 경우 모두, 주식에 온 힘을 쏟고 있다 빠져나와 쉬는 시간에 있다는 점이 같다. 고속도로를 빠르게 운전하다가 갑자기 정체 구간에 들어선 것과 비슷한 느낌을 받는다. 주식을 보유하고 있는 흥분상태에서는 시간에 대한 의식이 없어 쏜살같이 시간이 가지만, 주식을 매도한 직후에는 주의가 시간에 쏠리게 된다.

이 현상은 앞서 주의 관문 이론에 한 가지 부품을 더해서 설명할 수 있다. 그것은 바로 각성이라는 개념이다. 각성은 경계

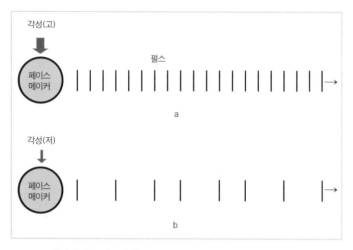

[그림 7-6] **각성에 따른 펄스 발생의 차이.**

심이 얼마나 높은지를 말해주는 것으로 흥분의 정도와 비슷한데 심장박동률, 혈압, 피부전도율, 동공의 크기 같은 생리적 지표로도 측정 가능하다. 이 이론에서 페이스메이커에서 발생하는 펄스의 양은 각성에 비례한다. 즉, 각성이 높은 경우 단위 시간당 펄스의 양이 많고([그림 7-6]의 a), 각성이 낮은 경우 펄스의 발생은 적다([그림 7-6]의 b). 각성이 높은 경우 펄스의 양이 많아서 시간이 많이 흘렀다고 생각하겠지만, 실제 시곗바늘은 그다지 많이 움직이지 않았기 때문에 시간이 느리게 가는 것처럼 느껴질 수 있다. 실제로 뜨거운 물속에 몸을 담그고 있을 때 각성이 증가해 시간이 느리게 간다고 느낀다.

주식을 매도한 직후, 각성도가 높고 펄스의 양이 크게 증가

할 것이다. 특히, 큰 손실을 본 경우라면 더욱 그럴 것이다. 시간이 느리게 갈 때 나타나는 지루함은 부정적인 감정이다. 이에 따라 지루함을 피하고 감각적 흥분을 다시 경험하고 싶어 재매수를 하게 된다.

투자자는 이 매도 후 '지루함의 계곡'을 넘을 수 있는 방법에 대해 생각해봐야 한다. 어떤 투자자는 뒤로 물러서서 커피를 마시거나 잠깐 쉬는 것을 제안하기도 한다. 하지만 주식을 향한 마음의 스위치는 그대로 작동하고 있어서 이 정도로는 지루함의 계곡을 벗어나기 어렵다. 아마도 비슷한 정도로 흥분되는 대안적인 일을 하는 것이 좋을 수 있다. 예를 들어, 흥미로운 게임을 하거나 영화를 보거나 스마트폰을 자리에 두고 산책을 하는 것도 좋다. 그렇지만 매도 직후 주식 생각을 떨치고 객장에 다시 들어가지 않는 것은 엄청나게 힘든 일이다.

⊪⊹⊪ 지루함과의 싸움에서 이기는 법

모든 동물은 기다리는 것을 싫어한다. 비둘기는 4초를 기다리면 두 배의 먹이를 먹을 수 있음에도, 2초 뒤에 먹을 수 있는 양이 적은 먹이를 훨씬 선호한다(Rachlin & Green, 1972). 투자자도 마찬가지다. 미래의 큰 보상보다 바로 지금 얻을 수 있는 작은 보상을 간절히 원하는데, 이를 '현재 편향'(present bias)이라 한다.

주식을 히는 사람들에게 주식을 못 하는 장 마감 이후나 휴일은 매우 지루한 시간이다. 지루함은 시인 이상이 〈권태〉라는 수필에서 잘 표현했듯이 고통이자 불쾌한 감정으로, 사람들은 이를 죽도록 싫어한다. 심지어 사람들은 불쾌하더라도 흥분되는 일을 지루한 일보다 더 선호하기도 한다.

티모시 윌슨(Timothy Wilson)을 비롯한 심리학자들은 18~77세의 성인들에게 텅 빈 실험실이나 집에서 6~15분가량 다른 일은 하지 않고 어떤 것이든 단순히 생각만 하라고 했을 때, 사람들은 불쾌한 감정을 느낀다고 보고했다(Wilson 등, 2014). 이 생각의 어려움은 나이, 성별, 교육 정도, 수입 정도와 상관이 없었다.

연구자들은 생각의 고통이 얼마나 심한지를 알아보기 위해 전기쇼크와 비교하는 실험도 진행했다. 실험 1회기 때, 참여자들은 스스로 불쾌하지만 고통스러울 정도는 아닌 전기쇼크를 자신의 발목에 가하는 체험을 했다. 실험 2회기 때는 빈 실험실에 앉아 단순히 생각만 하며 시간을 보내도록 지시받았다. 이때 자신이 원하면 컴퓨터 키보드를 눌러 자신의 발목에 전기쇼크를 줄 수도 있었다. 이 실험에서 남성의 67%와 여성의 26%는 가만히 생각하기보다 차라리 전기쇼크를 택했다. 그만큼 생각하는 일이 힘들었다는 것이다.

이 연구에서 흥미로운 점은, 전기쇼크를 택한 비율이 여성보다 남성에게서 훨씬 많았다는 사실이다. 다른 연구에서 남성이 여성보다 권태로움을 더 잘 느낀다고 보고했는데(Sundberg 등, 1991), 그래서 남성들이 더 위험을 추구하는지도 모를 일이다. 똑같은 환경이라도 권태로움을 잘 느끼는 사람에게 시간은 느리게 지각된다(Danckert & Allman, 2005).

성별 요인 이외에 지루함을 잘 느끼는 성향과 관련된 다른 심리 요인들도 있다. 감정을 잘 통제할 줄 아는 능력과 문제 상황에서 시간적 상위인지 능력이 중요한 요인으로 밝혀졌다(Witowska 등, 2020). 감정이 솟구치는 일을 긍정적인 관점에서 바라보는 감정 통제에 대해서는 잘 알려져 있다. 하지만 상위인지라는 말은 조금 생소할 것이다. '상위인지'(metacognition)란 자신의 기억, 추론, 언어와 같은 인지 능력의 한계를 잘 이해하고 이를 활용할 줄 아는 능력이다. 스스로 기억력이 나쁘다면 기억할 것들을 메모해서 기억력을 보완하는 것은 상위인지를 활용하는 것이다. '시간적 상위인지'(temporal metacognition)란 시간에 관한 상위인지로, 자신이 특정 시점에 대해 어떻게 느끼고 있는지를 알아차리고 이를 개선하기 위한 능동적 대처를 말한다.

예를 들어, 주식을 매수한 뒤 좀처럼 주가가 오르지 않아 조급한 마음이 생긴다면, '장 종료가 얼마 남지 않았는데 주가가 떨어질 조짐을 보이니 안절부절못하는군. 심호흡 한번 하자. 며칠 뒤 지금을 돌이켜보면 아무것도 아닐 거야. 조급해하지 말고 다른 일을 하면서 시간을 보내자' 하는 식으로 스스로 시간 압력을 탄력적으로 다뤄 시간감정에서 벗어나는 것이다.

미래는 인공지능과의 싸움이라고들 한다. 사람들은 일자리를 인공지능에게 빼앗기고 점점 할 일이 없어질 것이라고 예상한다. 하지만 미래는 지루함과의 싸움이라고 보는 게 더 적절하다. 현대 인간의 삶이 편리해지고 많은 시간이 단축되었듯이 인공지능시대에는 이런 흐름이 더 빨라질 것이고 인간에게 더 많은 시간이 남을 것이기 때문이다. 따라서 지루함을 어떻게 이겨내느냐가 미래를 사는 데 매우 중요한 심리 기술이 될 것이다.

시간에 대한 감정을 통제하는 것은 투자자에게 매우 중요한 기술이다. 시간의 인내는 무관심과 다르다. 인내는 하고 싶은 것을 참는 부정적인 고통이 따르지만, 무관심은 이를 초월한다. 주식을 사놓고 주가 확인을 하지 않는 무관심한 사람이 오히려 더 좋은 결과를 내는 경우가 많다.

한편, 인내와 무관심 사이에 '관망적 자세'가 있을 수 있다. 관망이란 사전적으로 '한발 물러나서 어떤 일이 되어가는 형편을 바라봄' 또는 '풍경 따위를 멀리서 바라봄'을 뜻한다. 주가에 대해 관심을 갖되 어느 정도 떨어져 있을 수는 있다. 주식을 매수한 뒤에는 다른 일에 주의를 돌리고 주가를 관망적으로 보는 자세가 유리할 수도 있다. 시골길을 느리게 운전하면서 바깥 풍경을 감상하는 것이다. 전설적인 투자자 앙드레 코스톨라니(André Kostolany)는 낚시를 추천했다. 낚시를 하면서 주식과 멀어지고 사색을 통해 어떻게 투자할지를 생각할 수 있다. 그렇지만 이 방법은 스마트폰이 없던 시대에나 가능한 일이다. 요즘에는 인터넷 신호가 안 잡히는 무인도에 가서 낚시를 해야 한다. 어떤 주식 동호회에서는 주식 투자를 한 뒤 함께 등산을 떠나기도 한다.

⬆⬇ 좋은 기다림, 나쁜 기다림, 이상한 기다림

주식을 매수한 뒤 기다리기만 하면 좋을까? 이것은 주가가 결정한다. 주가가 올랐다면 좋은 기다림이고, 주가가 폭락했다면 나쁜 기다림이며, 주가가 몇 개월째 미동도 하지 않는다면 이상한 기다림이다. 때로는 시간도 손절해야 한다. 이 가운데 나쁜 기다림이 최악이다.

개인투자자들은 자신이 산 주식의 회사에 일어난 이벤트가 호재인지 악재인지 잘 모르는 경우가 많다. 그래서 주가의 흐름을 보고 판단하곤 한다. 부실기업을 인수한다는 공시는 그 자체로 악재다. 그런데 어찌된 일인지 주가가 오르는 경우가 있다. 이를 근거로 개인투자자들은 부실기업 인수 소식을 호재로 인식해 주식을 매수해놓고 인수합병이 확정될 날을 손꼽아 기다리는 것이다.

금속 관련 제조업체 M사의 사례를 보자. M사는 2021년 4월 14일, 바이오 관련 업체 S사를 인수하는 우선협상자로 선정되었다. S사는 바이오기업으로 한때 주가가 20만 원을 넘을 정도로 큰 인기를 끌었으나 임상 실패와 경영진의 부도덕한 행동으로 1년간의 상장폐지 유예 처분이 내려졌다. M사는 사업 영역을 바이오 분야로 확장하기 위해 S사를 인수하기로 했다. S사는 부실기업이라는 인식이 있었고, 회생시키기 위해서는 막대한 자금이 들기 때문에 S사를 인수하는 것은 그 자체로 악재였다. [그림 7-7]은 M사가 S사의 인수 우선협상자로 선정된 시점부터 최종 인수 확정까지 2개월간의 주가 흐름이다.

매매 동향을 살펴보면, 다른 기관들은 이 기간에 주식을 거의 매매하지 않았다. 다만, 외국인과 투자신탁사만이 매매에 가담했다. 개인투자자들 사이에서 이 두 투자자는 매우 악명높다. 대체로 이 두 투자자가 들어오면 주가의 변동폭이 매우 커지기 때문이다. 외국인과 투자신탁사는 M사를 매수해 주가 상승을 견인했고, 개인투자자들도 매수에 가담하기 시작했다([그림 7-7]의 A 지점). 주가는 계속 상승해 세 배를 넘기기도 했다.

[그림 7-7] 2021년 4~5월 금속 관련 제조업체 M사의 주가 변동 추이(일봉). 출처: 다음 금융

　이때 종목토론방을 살펴보면 개인투자자들은 인수가 확정 되면 주가가 날아갈 것이라고 희망하는 글들이 많았다. 그렇 지만, 결국 M사가 최종 인수자로 확정 발표된 5월 31일, 주가 는 폭락했다([그림 7-7]의 B 지점). 이날을 전후로 외국인투자자 는 30억 원 이상 순매도했고 개인투자자는 그만큼 순매수했 다. 개인투자자들의 2개월 동안의 기다림은 나쁜 기다림이었 고, 결국 외국인투자자의 물량을 떠안은 셈이 되었다.

　부실기업을 인수한다는 뉴스가 호재로 둔갑해 주가가 상승 하는 경우는 아주 흔하다. 2021년 6월, 항공사 E사 인수를 두 고 벌어진 어느 두 회사의 경쟁도 유명하다. E사는 부실기업 이므로 이 회사를 인수하는 것은 그 자체로 악재지만, 어찌된 일인지 이 두 회사의 주가는 연일 급상승했다. 최종적으로 제 3의 회사에서 인수하기로 결정되었을 때 이 두 회사의 주가는 크게 폭락했고, 많은 개인투자자는 큰 손실을 봤을 것으로 추정된다. 호재이건 악재이건 상황이 종료되면 주가는 하락하는 경향이 있다. 흔히 말하는 재료 소멸 또는 뻬따꼼쁠리(fait accompli) 현상이다. 모든 주식은 기대감 상승 시 주가가 오르고 기대감 소멸 시 주가가 하락하는 경향이 있다.

실생활에서 사람들은 시간을 능동적으로 통제하는 데 익숙하다. 회사에 중요한 발표가 있는데 길이 막혀서 출근이 늦어질 것 같으면, 회사 동료에게 전화해 발표 자료를 미리 출력해달라고 부탁함으로써 시간을 벌 수 있다. 또는 여러 가지 일을 동시에 해야 할 땐 시간이 덜 걸리고 쉬운 일들부터 순서를 정해 부드럽게 일을 처리할 수 있다.

하지만, 주식매매 상황에서 개인투자자는 시간 사용에서 거의 수동적일 수밖에 없다. 예를 들어, 매수한 주식의 주가가 오르지 않을 때는 기다리는 일 외에 달리 도리가 없다. 만일 다른 주식의 주가가 급등하는 것을 보고 있다면 투자자에게 매우 답답한 감정이 솟구칠 것이다. 이런 점에서 주식 상황에서의 시간 통제가 실생활에서의 시간 통제보다 훨씬 까다롭다. 주식시장에서 시간을 어떻게 통제할지에 대해 투자자는 철저한 이해와 대비를 해야 한다.

8장

왜 투자에서
발을 빼기 어려울까?

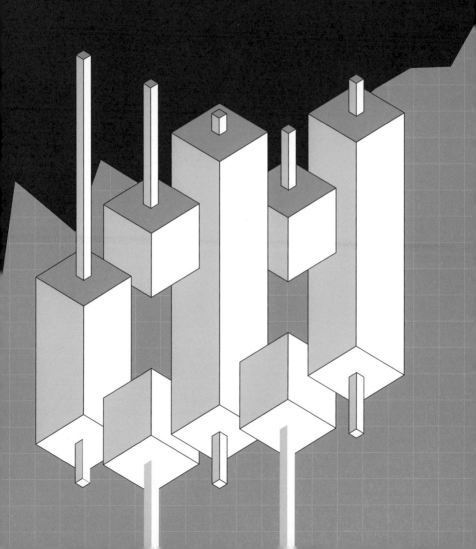

투자에 한번 발을 들여놓으면
다시 빠져나갈 수 없다.

주식을 하는 목적은 돈을 벌기 위해서만은 아니다. 동료와 사회관계를 유지하기 위해서 주식을 하기도 한다. 요즘에는 군대를 갓 제대한 사람도 군대 이야기보다는 주식이나 코인 이야기를 더 재미있어 한다. 자기만족을 위해서 주식을 하기도 한다. 주식매매를 자신의 예상을 시험하거나 인격을 연마하는 도구로 여기고 주가에 연연하지 않는다.

⬆️ 사람들이 주식을 하는 진짜 이유

주식을 하는 다른 가장 강력한 이유는 주식이 아주 강한 긴장과 각성을 일으키기 때문이다. 의식이 명료해지고 심장박동의 증가, 혈압의 상승, 동공 크기의 확장 등 신체적 특징이 나타난다. 이 상태 자체를 느끼기 위해서 주식매매를 할 수 있다. 장이 열리는 월요일에는 새벽부터 설레기 시작한다. 단기투자자들은 권태라는 부정적인 감정에서 벗어나 주식매매에서 몰입이라는 고양감을 경험하게 된다. 몰입(flow)하는 사람은 몇 시간도 한순간으로 느껴지는 시간 개념의 왜곡을 경험한다 (Csikszentmihalyi, 1997). 이것은 돈을 잃을 줄 알면서도 하게 되는 도박에도 적용된다(Griffiths, 2007). 시간이 순식간에 흘러 장이 종료되면 너무나 아쉬워한다.

검색창에서 '주식 중독'을 검색하면 주식 투자로 고통을 받는 사람들이 쓴 글들이 아주 많다. 자신이나 가족의 주식 중독으로 인한 피해와 원망을 절절히 고백하고 있다. 이는 주식 투자가 충분히 병적인 습관이 될 수 있음을 보여준다. 당일 매매를 하는 데이트레이더의 심리 상태가 도박 중독자의 심리 상태와 비슷하다는 연구도 있다. 문화체육관광부 산하 한국도박문제관리센터에서도 주식 투기를 도박의 범주로 넣고 있다.• 한 언론 보도에 따르면, 2021년 1분기에 주식과 코인 투자 중독으로 이 센터를 찾아 상담받은 내담자가 1년 전 같은 기간에 비해 두 배 이상 늘었다.••

어쩌면 주식 중독은 도박 중독보다 더 무서울 수 있다. 도박은 사회 통념상 부정적으로 인식되기 때문에 도박에 빠진 본인 스스로 중독을 받아들여 치료의 길로 들어설 수 있고, 대체로 특정한 장소에서 이뤄지므로 어느 정도 통제가 가능하다.

•   https://www.kcgp.or.kr/pp/gambleIntrcn/2/gambleIntrcn.do.
•• 월간중앙, 202106호, 2021. 5. 17., [트렌드 취재] 떡락·떡상에 울고 웃는 2030세대 위험투자 실상.

하지만, 주식은 산업 발전에 큰 기여를 한다는 긍정적 이미지를 갖고 있다. 주식에서 헤어 나오지 못하는 투자자 스스로 주식을 도박으로 인정하지 않는 경향이 크고, 장소를 가리지 않고 투자를 할 수 있어 문제가 더 심각할 수 있다. 게다가 주식투자는 도박 못지않게 강한 중독성이 있다.

그렇다면 어떤 요인들이 우리를 중독에 이르게 하는지, 그리고 주식과 중독이 어떤 관련이 있는지 살펴보자.

치명적인 상한가 경험

자신이 가지고 있는 주식의 주가가 30% 상한까지 오르는 행운을 맞을 때가 있다. 상한가 자체는 수익에 큰 도움이 되므로 좋은 일이지만, 상한가 경험은 심리적으로 심각한 부작용으로 남을 수 있다. 상한가를 목격했을 때 투자자는 엄청난 흥분을 느낀다. 심장박동이 빨라지고 혈압이 상승하며 기분이 하늘을 찌른다. 이러한 상한가에 따른 심리적 흥분과 쾌락은 뇌에 강하게 각인되고 이후 그 기분을 다시 경험하기 위해 주식에 매달리는 주식 중독으로 이어질 수 있다.

도박 중독을 생각해보자. 모든 도박 중독자가 돈을 딸 확률이 잃을 확률보다 훨씬 낮다는 사실을 잘 알고 있고, 계속하다

보면 결국 돈을 잃으리라는 것도 잘 알고 있다. 그러므로 도박에서 헤어 나오지 못하고 중독에 빠지는 이유를 이성적인 판단의 오류에서 찾을 수 없다. 대부분의 도박 중독자는 지능과 학력 등에서 일반인과 차이가 없다. 우연히 들른 카지노에서 큰돈을 땄을 때의 흥분과 쾌락이 뇌에 강력하게 자리 잡게 되고 이를 다시 경험하기 위해 도박에 매달리는 것이다. 이것은 자신의 의지와 전혀 관련이 없는 뇌 회로의 문제다.

인류 역사상 가장 위대한 소설가 중 한 명으로 꼽히는 표도르 도스토옙스키(Fyodor Dostoevskii)도 도박 중독자였다. 그는 여행 중에 들른 독일의 카지노에서 큰돈을 딴 경험 이후 8년 동안이나 도박 중독에 시달렸다. 지인들에게 빚을 내거나 출판사에서 나중에 나올 원고료를 미리 받아 도박을 했고, 차비까지 탕진해서 집까지 열흘을 걸려 걸어올 정도였다. 다행히도 소설 작업 중 만나 결혼한 두 번째 부인의 도움으로 도스토옙스키는 가까스로 도박을 끊었다. 이 일화의 교훈은 무엇인가? 도스토옙스키 같은 사상가도 충분히 도박 중독자가 될 수 있다는 점이다. 또한 스스로 도박을 끊기 매우 어렵다는 점이다.

도박이 이처럼 강력한 중독성을 갖게 하는 요인은 무엇일까? 상금의 성격에서 실마리를 찾을 수 있다. 첫째는 상금을 받는 확률이다. 언제나 받는 것이 아니라 아주 가끔 받는다. 둘째, 상금의 액수다. 크면 클수록 도박에 더 강하게 매달리게 된다. 로또 복권의 당첨자가 나오지 않아 계속 당첨금이 누적되면 점점 더 많은 사람이 로또를 사는 이유가 바로 여기에 있다.

⢾⢾⢾ 간헐적 보상은 중독성이 강하다

사람들은 왜 확률이 낮은 강력한 보상에 빠지는 것일까? 이에 대한 단서를 학습심리학에서 찾아보자. 미국의 심리학자 스키너는 특별한 상자를 고안했다(Skinner, 1957). 수박 상자만 한 크기의 상자 한쪽에 레버가 있고 누르면 먹이 알갱이가 작은 문으로 굴러 떨어진다. 이 상자에 쥐를 넣으면 쥐는 먹이를 먹으려고 레버를 누르는 동작을 학습한다. 이때 먹이는 레버를 누르는 동작에 대한 '보상'(reward)이기도 하지만, 쥐가 레버를 누르는 동작을 계속하게 하는 '강화물'(reinforcer)이기도 한다. 스키너는 이 상자를 이용해 다양한 가설을 실험했다([그림 8-1]).

그 가운데 하나는 레버를 눌렀을 때 먹이가 나오는 확률에 따라 쥐의 행동이 어떻게 달라지는지에 대한 것이었다. 레버를 누르면 언제나 먹이가 나오는 조건과 가끔 나오는 조건이 있었다. 전자를 고정된 보상, 후자를 간헐적 보상이라고 하자. 고정된 보상 조건은 다시 레버를 누르는 동작을 기준으로

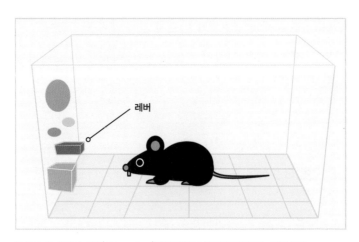

[그림 8-1] 스키너 상자(Skinner box)에서 레버를 눌러 먹이를 얻는 쥐의 모습.

한 고정 비율(fixed ratio)과 시간 간격을 기준으로 한 고정 간격 (fixed interval)으로 나누고, 간헐적 보상 조건은 각각 변동 비율(variable ratio)과 변동 간격(variable interval)으로 나눴다([그림 8-2]). 고정 보상 조건에서는 먹이가 규칙적으로 나왔기 때문에 예상이 쉽고, 변동 보상 조건에서는 먹이가 불규칙적으로 나왔기 때문에 예상이 어려웠다. 특히, 변동 비율 조건에서 쥐들은 다른 조건들에 비해 레버를 훨씬 많이 눌러대는 경향을 보였다. 이 점은 쉽게 이해할 수 있다.

흥미로운 점은 레버를 눌러도 더 이상 먹이가 나오지 않도록 했을 때 쥐가 보인 행동이었다. 고정된 보상 조건에서 쥐들은 레버를 누르는 동작을 금세 그만두었다. 사람들이 자판기에 돈

행동 횟수 기준	시간 경과 기준	
고정 비율 • 자판기에 돈을 넣고 캔커피 사기 • 치킨 쿠폰 10장으로 치킨 한 마리 받기	**고정 간격** • 토요일마다 돌아오는 주휴일 • 매월 받는 월급	예측이 가능하고 소거하기 쉬움
변동 비율 • 도박에서 돈 따기 또는 주가 상승 • 스마트폰에서 아주 좋은 뉴스 확인	**변동 간격** • 가끔 이메일함을 열어 메일 확인하기 • 건강 검진 또는 상사가 찾아오는 상황	예측이 어렵고 소거하기 어려움

[그림 8-2] **강화 스케줄과 비슷한 상황의 예.**

을 넣었는데 캔커피가 나오지 않으면 고장으로 생각하고 더 이상 돈을 넣지 않는 것과 비슷하다. 반면, 간헐적 보상 조건에서는 며칠이 지나도록 레버를 누르는 동작을 멈추지 않았다. 즉, 고정된 보상에 따라 학습은 쉽게 '소거'(extinction)되지만 간헐적 보상에 따라 익힌 동작은 저항이 심해 소거가 매우 어려웠던 것이다. 이 가운데 변동 비율 조건하에서 가장 소거가 어렵고 보상을 얻으려는 동작이 계속되었다. 심지어 보상이 더 나오지 않자 매우 공격적인 행동을 보이기도 했다. 이를 종합하면 동물로 하여금 보상을 얻으려는 동작을 가장 많이 하게끔 만들고, 보상이 더 이상 없더라도 이후 아주 오랫동안 그 동작을 계속 이어지게 한, 변동 비율에 따른 보상 조건이 가장 강력한 학습 효과를 갖고 있다고 볼 수 있다.

이 동물 실험 결과는 도박 중독자의 행동과 정확히 일치한다. 바로 도박을 하는 사람이 우연히 큰 행운을 맛본 뒤 이후 계속된 손실에도 도박장을 계속 찾는 행동 말이다. 동물 실험에서 동물이 추구하는 먹이와 도박을 하는 사람이 갈망하는 당첨금은 다른 성질이므로 동물 실험 결과를 도박 중독에 적용하기 어려울까? 보상의 종류는 먹이나 물처럼 몸을 유지하는 데 꼭 필요한 물질적 보상, 돈과 같이 쓰이는 재화나 쿠폰처럼 상징적인 보상, 칭찬이나 지지 같은 사회적 보상 등 다양하다. 이 모든 보상의 성질과 의미는 서로 다르다. 그런데, 보상의 종류나 성격과 관계없이 뇌에서는 똑같은 장소에서 최종적으로 처리된다. 어떤 보상에 의해서든 뇌의 변연계(limbic system) 안에 위치한 보상 회로(reward circuit)가 자극될 때 즐거움이라는 심리 현상이 나타나는 것이다. 석유, 석탄, 나무 등의 재료가 각기 성격을 달라도 태우면 똑같이 열을 만드는 것과 비슷하다.

☷ 도박 중독과 주식 중독의 메커니즘

카지노 운영자들은 수익을 내면서 동시에 사람들이 도박장에

발길을 끊지 않을 수준으로 손실과 보상에 대한 최적의 확률을 연구한다. 수익이 너무 많으면, 즉 사람들이 돈을 너무 많이 잃으면 카지노를 아예 떠날 수 있기 때문이다. 그리고 이 확률을 각 도박 기계에 적용하는 것이다. 대부분의 도박 기계는 상금이 간헐적으로 터지도록 설계되어 있다. 슬롯머신에서 잭팟이 터진 이후 한동안 사람들이 많은 돈을 잃어야 다시 잭팟이 터지는 이유다.

주식 중독의 경우를 생각해보자. 대체로 개인투자자들은 주식에서 보상을 간헐적으로 경험한다. 평소에 본전 밑으로 떨어진 주가 탓에 끙끙 앓다가 아주 가끔 수익을 경험한다. 상한가에 따른 수익이라면 투자자는 엄청난 황홀경에 빠진다. 이 경험은 주식 중독을 강화한다. 즉, 주식 투자자에게 상한가 경험은 주식 중독에 빠지게 하는 치명적인 원인이 될 수 있다.

만일 스마트폰으로 주가를 확인하는 투자자라면 어쩌다 가끔 보게 되는, 주가 상승을 뜻하는 빨간색 막대에 중독이 강화될 것이다. 스마트폰 확인은 쥐가 레버를 누르는 동작에, 빨간색 주가는 먹이에 상응한다. 이에 따라 스마트폰을 끊임없이 확인하는 습관이 만들어질 것이다. 주식을 하지 않은 사람들도 주가 확인이 아닌 다른 이유로 스마트폰에 빠질 수 있다. 스마트폰은 간헐적으로 좋은 보상을 준다. 짝사랑하는 사람에게서 문자 메시지나 카카오톡 메시지 받기, 중요한 뉴스 접하기, 기다리던 이메일 도착 등 매우 다양한 보상 때문에, 사람들은 스마트폰을 끊임없이 열어보게 된다. 이런 면에서 스마트폰은 손에 들린 작은 슬롯머신이라 할 수 있다.

한편, 보상을 직접 받아야만 학습이 될까? 그렇지 않다. 다른 사람들이 보상을 받는 모습을 관찰하는 것만으로도 특정 행동을 일으킬 수 있다. 또 방송을 보는 것만으로도 로또 복권을 사는 행동이 강화될 수 있다. 당첨이 한 번도 안 된 사람들이 로또 복권을 사는 것처럼 말이다. 일례로 2021년 3월 17일 강원랜드 슬롯머신에서 9억 8,000만 원이라는 역대 최고 잭팟이 터졌다. 카지노는 이런 뉴스를 왜 끊임없이 언론에 알리겠는가? 주식에서도 마찬가지다. 투자자가 급등주나 상한가 종목을 목격하는 것만으로도 그 주식을 살 가능성이 높아질 수 있다.

▮▯▮ 중독 뒤에는 도파민이 있다

중독의 원인과 과정, 결과 등을 밝히기 위해 신경과학자들은 많은 노력을 기울였다. 그 가운데 도파민의 역할이 잘 알려져 있다. 도파민(dopamine)은 신경전달물질로 학습에서 보상을 받았을 때 분비된다. 이때 사람은 쾌락을 경험한다. 뇌는 이를 기억해두고 다시 당시의 상태를 경험하기 위해 같은 행동을 반복적으로 하게 된다. 쾌락은 흥분과 각성을 동반한다. 쾌락을 일으키는 경험은 매우 다양하다. 술, 마약, 니코틴, 커피, 맛있는 음식 등을 먹을 때. 운동, 등산 등 육체 활동을 할 때. 텔레비전, 영화, 스마트폰 등을 볼 때. SNS 활동을 하거나 칭찬 같은 사회적 보상을 받을 때. 그리고 마지막으로 도박을 할 때 등이 있다.

뇌가 특정 대상에 의존이 지나쳐 끊기 어려운 상태를 '중독'이라고 한다. 중독의 뒤에는 도파민이 있다. 앞서 언급한 보상 회로에 있는 신경들은 서로 도파민을 주고받으며 보상에 따른 학습을 견고히 한다. 중독 행동을 자동차에 비유했을 때 보상 회로의 신경들은 자동차를 구성하는 엔진에 해당하고, 도파민은 기름이라 할 수 있다.

도박에 중독되었다는 의미는 도박과 관련된 일을 할 때 뇌에서 도파민이 분비되고, 다른 대상을 경험할 때는 도파민 분비가 잘되지 않아 도박에 의존할 수밖에 없는 상태에 이르렀다는 것과 같다. 최근 '도파민 중독'이라는 말이 많이 쓰이는데, 많은 중독 현상과 도파민은 밀접한 관련이 있음을 표현한 것이다. 또한 도파민 단식(dopamine fasting)이라는 말은 스마트폰처럼 중독된 대상을 완전히 끊고, 가벼운 걷기나 명상 등을 통해 본래의 자연스러운 뇌로 되돌리자는 것이다. 뇌에서 도파민의 양은 거의 언제나 일정하다. 중독 대상을 끊는다고 해서 도파민의 전체 양이 줄어드는 것은 아니다. 중독된 대상에 대해서만 편향되게 도파민이 분비되고 다른 일상의 일에 대해서는 분비가 덜 되는 것이 문제다. 도파민 단식은 중독된 대상을 멀리함으로써 상대적으로 소외된 다른 일상의 대상에도 관심을 갖도록 도파민 시스템을 본래의 상태로 되돌리자는 것이다.

도박을 하는 사람은 도박과 관련된 모든 일을 할 때 쾌락을 경험한다. 도박을 해서 돈을 따는 것을 포함해 집을 떠나 도박장을 향할 때, 도박을 함께하는 사람들을 만날 때, 도박장 냄새를 맡고 도박 기계에서 나오는 소리를 들을 때 등이 여기에 해당한다. 이런 일들을 경험할 때 긴장과 각성 상태에 놓이고 도파민이 분비된다. 중요한 점은 돈을 따는 일만이 도파민을 분비시키는 것이 아니라는 것이다. 돈을 잃어도 긴장과 각성이 되어 도파민이 분비된다는 점이다. 실제로 강원랜드 카지노에서 도박에 빠진 많은 사람은 돈을 따는 것과 무관하게 도박을 계속하게 되는 상태에 이르게 된다(김세건, 2008).

주식도 마찬가지다. 다른 일에 흥미를 못 느끼고 주식매매에서만 흥미를 느낀다면 주식 중독이라고 말할 수 있다. 특히, 하루도 빠지지 않고 데이트레이딩과 초단기매매를 하는 투자자들은 긴장과 각성 강도가 훨씬 클 것이므로 일상 전반에서 주식매매에 대한 의존도가 매우 높을 것이다. 주식을 해서 돈을 따는 것을 떠나서 주식매매 자체에 중독된 것이다.

뇌가 중독이 되면 특정 대상에 더욱 의존하게 되어, 쾌락을 주는 대상을 경험하지 못할 때 금단증상을 경험한다. 주식거래가 월요일에 가장 활발한 현상은 아마도 주말 동안에 주식거래를 하지 못해서 오는 금단증상의 영향이 어느 정도 반영된 결과일 것이다. 이와 함께, 중독은 내성 때문에 점점 더 강한 자극을 요구하게 된다. 주식 중독도 비슷한 면이 있다. 장기투자자가 단기투자자는 될 수 있어도 단기투자자가 장기투자자가 되기는 어렵다는 말이 있다. 한번 단기투자의 맛을 보면 여간해서는 단기투자를 포기하기가 어렵다. 지금하고 있는 주식이 도박인가 투자인가라는 논쟁은 무의미하다. 그것은 투자자 본인의 몸이 말해준다.

♦♦♦ 왜 전체 손익에 대한 계산보다 최고의 보상이 우선할까?

미국의 신경과학자 앨리슨 맥코이(Allison McCoy)와 마이클 플랫(Michael Platt)은 원숭이 두 마리를 대상으로 흥미로운 실험을 했다(McCoy & Platt, 2005). 원숭이 앞에 모니터가 있고, 그 위에 불빛 두 개가 나타난다. 원숭이는 둘 중 하나를 눈으로 선택하면 주스를 마실 수 있다. 어느 불빛을 선택하든 주스가 나오는데, 차이점이 있다. 두 번째 것이 첫 번째 것에 비해 모험적이다. 첫 번째 불빛을 선택하면 언제나 같은 양의 주스가 나오도록 하고, 두 번째 불빛을 선택하면 가끔은 많은 양을, 나머지 다수에서는 작은 양이 나오도록 한 것이다. 주스의 전체양은 두 조건에서 같았다. 주스는 정밀한 기계를 통해서 빨대로 전달되었는데, 다만 언제나 같은 양이 나오는 것은 심심했던지 두 조건 가운데 두 원숭이 모두 모험적인 조건을 강력하게 선호하는 모습을 보였다.

다음 실험에서, 실험자들은 모험적인 조건에 해당하는 주스의 전체 양을 반으로 줄였다. 이때 원숭이는 어떻게 행동했을까? 놀랍게도, 원숭이들은 여전히 모험적인 조건을 더 선호했다! 주스의 전체 양으로 보면 손해인데도 말이다. 한 가지 아쉬운 점은 이 실험에 참여한 원숭이 두 마리 모두 수컷이었다는 사실이다. 만약 암컷이었다면 결과가 달랐을지도 모른다. 이 실험에서 나타난 원숭이들의 행동은 도박이나 투자에서 전체적으로 손해를 보면서도 계속하게 되는 사람들의 행동과 크게 다르지 않다.

왜 도박이나 주식 투자에서, 돈을 크게 따는 드문 경험이 돈을 잃는 빈번한 경험을 압도함에도, 사람들은 손실 행동을 계속하게 될까? 전체적으로 수익보다 손실이 클 때 도박이나 주식 투자를 더 이상 하지 않아야 한다. 인간이 합리적이지 않아서일까? 도박이나 주식에 실패한 사람 누구나 자신의 행동이 합리적이지 않다는 것을 잘 안다. 그럼에도 계속해서 같은 행동을 되풀이한다는 것은 합리적이지 않아서가 아니다. 그보다 빈도는 적지만 돈을 딴 경험이 뇌를 장악해 이성을 마비시켰다고 보는 편이 합당할 것이다. 즉, 이성적인 자기가 있고 돈을 딴 경험에 따른 감정적인 자기가 있는데, 후자가 행동을 결정하는 것이다. 또 다른 설명은 원금 손실에 대한 아쉬움이다. 다른 곳에 가서 손실을 만회하기는 물론 어려운 일이다. 그렇다고 계속 붙들고 있다 해도 원금을 찾을 가능성은 거의 없다는 점에서, 이 아쉬움은 이성적인 것이라기보다는 감정적인 것으로 보인다.

이 모순적인 행동에 대한 탐구는 아주 오랫동안 이어져왔다. 앞서 봤던 동물 실험과 신경과학 실험을 비롯해 다양한 관련 연구가 있다. 동물 연구는 중독의 조건들을 좀 더 세분해 모순적인 행동을 재현하며, 신경과학 연구들은 이 현상을 신경 수준으로 끌어내려 중독의 기제를 보여준다. 하지만, 이 연구들은 왜 이런 행동이 필요한지에 대해서는 말해주지 않는다. 평균적인 손익을 따지기보다 최고의 순간을 우선적으로 따르려는 경향은 대체 어떤 이유에서 일어나는 걸까? 혹시 이런 방식이 다른 기능적인 이점을 주기 때문은 아닐까?

생각해보면 평균적으로 높은 수익보다 전체적으로는 낮더라도 최고의 한순간을 추구해온 방식이 개인의 발달과 인류의 발전을 이끌어오기도 했다. 전구가 발명되기까지의 과정을 예로 들어보자. 최초의 전구는 1802년 영국의 화학자 험프리 데이비(Humphrey Davy)가 발명했지만 필라멘트의 수명이 너무 짧아 집에서 사용하기는 어려웠다. 이후 70년 이상에 걸쳐 많은 연구자가 오래가는 전구를 만들려고 노력했지만 잘되지 않았다. 결국 미국의 발명왕 토머스 에디슨(Thomas Edison)이 이 문제를 해결했다. 그는 수많은 실패 끝에 1879년 마침내 1,200시간 동안 사용할 수 있는 세계 최초의 상업용 전구를 개발했다. 효율성만 놓고 생각한다면 전구 개발에 참여한 각 연구자는 어느 정도 시도를 해보고 잘되지 않으면 연구를 중단했어야 한다. 하지만, 단 한 번의 성공 가능성을 위해 끊임없이 노력했고, 그렇기 때문에 오늘날 전구가 탄생할 수 있었다. 이런 예는 과학과 산업 장면에서 수도 없이 많다.

개인의 발달도 마찬가지다. 사람들은 어려서부터 많은 시행착오를 경험한다. 걷기, 쥐기, 말하기, 자전거 타기 등이 그렇다. 숱한 시도 끝에 실수를 줄여나가며, 마침내 성공을 이룬다. 피겨스케이팅의 김연아 선수의 고난이도 점프 기술 역시 무수한 실패와 부상 끝에 나온 작품이었다. 평균적인 효율성을 생각한다면 몇 번 시도해보고 중단해야 하지 않았을까? 어쩌면 우리의 머리는 경험해보지 못한 성공을 향해 끊임없이 도전하도록 프로그래밍되어 있는지도 모른다. 그렇다면, 전체 손익에 대한 계산보다 최고의 보상을 우선시하는 이런 행동은, 개인의 문제가 아닌 인류 전체의 문제로 볼 수도 있을 것이다.

하지만, 주식 투자는 실세계에서 수많은 시행착오 끝에 익히는 몸과 언어 기술들, 머리를 써서 해결할 수 있는 답이 있는 문제들, 직관적인 통찰로 다가갈 수 있는 문제들과 성질이 다르다. 감정적으로 최고의 순간을 추구하기보다는 장기적인 관점에서 확률과 통계를 우선적으로 따져야 하는 게임이다.

▮▯▮ 주식 투자, 개인만의 책임이 아닐 수 있다

앞서 언급한 스키너 상자로 돌아가보자. 쥐가 스키너 상자에 들어간 뒤 레버를 눌렀을 때 먹이가 나오면, 이후 쥐는 레버를 누르면 먹이가 나온다는 걸 학습한다고 했다. 여기에 잘 알려지지 않은 사실이 하나 있다. 어떤 쥐도 처음부터 레버를 스스로 누르지는 못한다는 점이다. 스키너 박스에 들어가면 대부분의 쥐는 레버에 관심이 없고 여기저기 돌아다니거나 먹이가 나오는 문에 코를 박고 킁킁거릴 뿐이다. 자연 상태에서 어떤 쥐도 레버를 눌러 먹이를 얻는 경우는 없다. 쥐가 레버를 누르는 동작을 배우기 위해서는 사람이 도와줘야 한다. 그렇지 않으면 영원히 레버를 누르지 못한 채 상자 안에서 굶어 죽을 것이다.

쥐는 야행성이므로 실험자는 한밤중에 졸린 눈을 비비며 스키너 상자에 쥐를 넣고 훈련을 시킨다. 스키너 박스 한쪽에는 기다란 전선이 연결되어 있고 그 끝에 버튼이 달려 있다. 실험자는 이 버튼을 눌러 먹이통에서 먹이가 나오게 하는 것이다. 즉, 쥐가 레버를 눌러서 먹이가 나오는 것도, 실험자가 버튼을 눌러 먹이가 나오는 것도 가능하다. 그리고 먹이가 나올 때는 '찰칵' 하는 기계음이 먹이통 쪽에서 나와 쥐의 주의를 끈다. 먹이는 소화제 환 알갱이만 한 크기여서 쥐는 한참을 먹어야 한다. 스키너 상자에 들어가기 전에 쥐는 하루 이틀 굶기 때문에 먹이에 대한 강한 동기가 있는 상태다. 실험자는 쥐가 레버를 스스로 누르기 전까지 점진적으로 먹이를 준다. 가상 먼저 쥐가 레버 쪽으로 머리를 돌리면 하나를 주고, 레버에 코를 대면 또 하나를 주고, 레버에 발을 대면 또다시 하나를 주고…. 이런 식으로 2시간 정도 훈련을 하면 쥐는 마침내 스스로 레버를 눌러 먹이를 먹게 된다. 레버를 눌러 먹이를 먹는 학습도 쥐의 30% 정도는 끝내 해내지 못한다. 실험자가 쥐를 훈련시키는 과정을 '조성'(shaping)이라 한다. 인간으로 치면 교육과 비슷한 개념이다. 아마도 성공적으로 학습한 쥐들은 스스로 레버를 눌러 먹이를 먹는 것을 스스로 학습했다고 믿을 것이다.

이 일화는 우리 사회에서 사람들이 투자에 참여하는 과정에 중요한 시사점을 던진다. 투자자 각자는 스스로 투자를 결정했다고 믿을 것이다. 그렇지만 그 어떤 사람도 어느 날 갑자기 투자해야겠다고 다짐을 하고 투자의 길에 들어서지는 않았을 것이다. 개인의 의지도 중요한 요인이겠지만, 투자를 권하는 환경의 무의식적인 조장도 상당할 것이다.

인류학자 김세건은 《베팅하는 한국사회》에서, 강원랜드에서 도박에 빠져 헤어 나오지 못하는 것은 개인만의 문제가 아니고 국가의 책임도 크다고 지적했다(김세건, 2008). 국가가 도박 중독을 개인의 문제로 치부하면서도, 강원랜드에서 나오는 세금으로 국민을 위한 사업을 하는 것은 모순적이다.

마찬가지로 현재 우리나라에 불고 있는 투자 바람은 개인만의 문제가 아닐 수 있다. 아무리 열심히 일을 해도 집을 구하지 못하고 미래가 보장되지 않는 사람들에게, 부동산 투자나 주식 투자 같은 금융 기술로 돈을 버는 사람들의 이야기는 엄청난 허탈감을 갖게 한다. 더 나아가 투자를 전혀 모르는 사람들이 투자 전선에 무모하게 뛰어들게 한다. 2021년 1분기 동안 주식거래에 따른 세금으로만 1년 전 같은 기간에 비해 2조 원이 더 걷혔다고 한다. 동시에 국민들의 채무액은 사상 최고치를 향해 달려가고 있다.

실세계에서 개인들은 어느 정도 다른 사람들로부터 도움을 받을 수 있다. 지하철 계단을 내려가다 미끄러져 넘어지면 누군가 달려와 괜찮은지 물을 것이다. 그렇지만 주식 투자에서 실수를 하면 누구도 도와주지 않는다. 모든 것은 투자자의 책임으로 남는다. 주식 세계는 온갖 위험이 도사리고 있고, 개인투자자 스스로 위험을 초래하기도 한다. 개인투자자들은 이런 위험으로부터 누구에게 의지할 수 없고, 스스로 보호할 수밖에 없다.

차트의
유혹

참고문헌

1장

- Gregory, R. L., & Wallace, J. G. (1963). Recovery from early blindness. *Experimental Psychology Society Monograph, 2,* 65-129.
- Willis, J., & Todorov, A. (2006). First impressions: Making up your mind after a 100-ms exposure to a face. *Psychological Science, 17*(7), 592-598.
- Whalen, P. J., Kagan, J., Cook, R. G., Davis, F. C., Kim, H., Polis, S., McLaren, D. G., Somerville, L. H., McLean, A. A., Maxwell, J. S., & Johnstone, T. (2004). Human amygdala responsivity to masked fearful eye whites. *Science,* 306(5704), 2061.
- Kahneman, D., & Tversky, A. (1982). The psychology of preferences. *Scientific American, 246*(1), 160-173.

2장

- Krause, J., Hoare, D., Krause, S., Hemelrijk, C. K., & Rubenstein, D. I. (2000). Leadership in fish shoals. *Fish and Fisheries, 1*(1), 82-89.
- Nison, S. (1994). *Beyond candlesticks: New Japanese charting techniques revealed* (Vol. 56). John Wiley & Sons.
- Wertheimer, M. (1923). *Untersuchungen zur Lehre von der Gestalt II.* Psycologische Forschung, 4, 301-350. In Ellis, W. D. (1938). *A source book of Gestalt Psychology.* London: Kegan Paul, Trench, Trubner & Co., LTD.

- van der Helm, P. A., & Treder, M. S. (2009). Detection of (anti) symmetry and (anti) repetition: Perceptual mechanisms versus cognitive strategies. *Vision Research, 49*(23), 2754-2763.
- Palmer, S. E. (1992). Common region: A new principle of perceptual grouping. *Cognitive Psychology, 24*(3), 436-447.

3장

- Whitson, J. A., & Galinsky, A. D. (2008). Lacking control increases illusory pattern perception. *Science, 322*(5898), 115-117.
- Whitney, D., Wurnitsch, N., Hontiveros, B., & Louie, E. (2008). Perceptual mislocalization of bouncing balls by professional tennis referees. *Current Biology. 18*(20): R947-R949.
- Ramachandran, V. S., & Hirstein, W. (1999). The science of art: A neurological theory of aesthetic experience. *Journal of Consciousness Studies, 6*(6-7), 15-51.
- Tinbergen, N. (1953). *Social behaviour in animals: with special reference to vertebrates.* Wiley.

4장

- Heider, F., & Simmel, M. (1944). An experimental study of apparent behavior. *American Journal of Psychology, 57*(2), 243-259.
- Tinbergen, N. (1951). *The study of instinct.* Clarendon Press/Oxford

University Press.

- Zahavi, A. (1975). Mate selection−a selection for a handicap. *Journal of Theoretical Biology, 53*(1), 205−214.
- Asch, S. E. (1955). Opinions and social pressure. *Scientific American, 193*(5), 31−35.
- Sherif, M. (1935). A study of some social factors in perception. *Archives of Psychology (Columbia University), 187*, 60.

5장

- Stroop, J. R. (1935). Studies of interference in serial verbal reactions. *Journal of Experimental Psychology, 18*(6), 643−662.
- Gasper, K., & Clore, G. L. (2002). Attending to the big picture: Mood and global versus local processing of visual information. *Psychological Science, 13*(1), 34−40.
- Microsoft Canada (Consumer Insights), (2015). Attention Spans; http://pausethinkconsider.com/wp−content/uploads/2016/09/microsoft−attention−spans−research−report.pdf.
- Choi, J., Cho, H., Choi, J. S., Choi, I. Y., Chun, J. W., & Kim, D. J. (2021). The neural basis underlying impaired attentional control in problematic smartphone users. *Translational Psychiatry, 11*(1), 1−10.
- Thornton, B., Faires, A., Robbins, M., & Rollins, E. (2014). The mere presence of a cell phone may be distracting: Implications for attention and task performance. *Social Psychology, 45*(6), 479−488.

- Ward, A. F., Duke, K., Gneezy, A., & Bos, M. W. (2017). Brain drain: The mere presence of one's own smartphone reduces available cognitive capacity. *Journal of the Association for Consumer Research, 2*(2), 140-154.
- Kalda, A., Loos, B., Previtero, A., & Hackethal, A. (2021). Smart (Phone) Investing? *A within Investor-time Analysis of New Technologies and Trading Behavior* (No. w28363). National Bureau of Economic Research.

6장

- McGeer. T., (1990). Passive dynamic walking. Intern. J. *Robot. Res. 9*, 62-82.
- Gibson, J. J. (1979). *The ecological approach to visual perception*. Houghton, Mifflin and Company.
- Grafton, S. T., Fadiga, L., Arbib, M. A., & Rizzolatti, G. (1997). Premotor cortex activation during observation and naming of familiar tools. *Neuroimage, 6*(4), 231-236.
- Chartrand, T. L., & Bargh, J. A. (1999). The chameleon effect: the perception-behavior link and social interaction. *Journal of Personality and Social Psychology, 76*(6), 893.
- James, W. [1890] (1950). *The principle of psychology*. New York: Dover.
- Prinz, W., Beisert, M., & Herwig, A. (Eds.). (2013). *Action science:*

275

Foundations of an emerging discipline. MIT Press.

- Libet, B. (1985). Unconscious cerebral initiative and the role of conscious will in voluntary action. *Behavioral and Brain Sciences,* *8*(4), 529–566.

- Fried I, Mukamel R, Kreiman G. (2011) Internally generated preactivation of single neurons in human medial frontal cortex predicts volition. *Neuron, 69*: 548–62

- Fenton-O'Creevy, M., Nicholson, N., Soane, E., & Willman, P. (2003). Trading on illusions: Unrealistic perceptions of control and trading performance. *Journal of Occupational and Organizational Psychology, 76*(1), 53–68.

- Garcia, J., Kimeldorf, D. J., & Koelling, R. A. (1955). Conditioned aversion to saccharin resulting from exposure to gamma radiation. *Science, 122*(3160): 157–158.

- Pearson, J., Naselaris, T., Holmes, E. A., & Kosslyn, S. M. (2015). Mental imagery: functional mechanisms and clinical applications. *Trends in Cognitive Sciences, 19*(10), 590–602.

- Meehl, P. E. (1954). *Clinical versus statistical prediction: A theoretical analysis and a review of the evidence.* Minneapolis: University of Minnesota Press.

- Kramer, A. F., Hahn, S., Cohen, N. J., Banich, M. T., McAuley, E., Harrison, C. R., &Colcombe, A. (1999). Ageing, fitness and neurocognitive function. *Nature, 400*(6743), 418–419.

- Oppezzo, M., & Schwartz, D. L. (2014). Give your ideas some legs:

the positive effect of walking on creative thinking. *Journal of Experimental Psychology: Learning, Memory, and Cognition, 40*(4), 1142.

7장

- 김민기 & 김준석(2021). 코로나19 국면의 개인투자자: 거래행태와 투자성과, 자본시장연구원 주최 온라인 세미나(https://www.kcmi.re.kr/seminar/seminar_program?syear=2021&smonth=&pg=1&eno=236).
- Goleman, D. (2012). *Emotional intelligence: Why it can matter more than IQ*. Bantam.
- Taylor, J. B. (2009). *My stroke of insight*. Hachette UK.
- Johnson, E. J., & Tversky, A. (1983). Affect, generalization, and the perception of risk. *Journal of Personality and Social Psychology, 45*(1), 20-31.
- Bower, G. H. (1981). Mood and memory. *American Psychologist, 36*(2), 129-148.
- Gibbon, J., Church, R. M., & Meck, W. H. (1984). Scalar timing in memory. *Annals of the New York Academy of Sciences, 423*(1), 52-77.
- Zakay, D., & Block, R. A. (1997). Temporal cognition. *Current Directions in Psychological Science, 6*(1), 12-16.
- Cahoon, D., & Edmonds, E. M. (1980). The watched pot still won't boil: Expectancy as a variable in estimating the passage of time.

Bulletin of the Psychonomic Society, 16(2), 115 – 116.

- Filer, R. J., & Meals, D. W. (1949). The effect of motivating conditions on the estimation of time. *Journal of Experimental Psychology, 39*(3), 327–331.

- Ornstein, R. E. (1969). *On the experience of time.* New York: Penguin Books.

- Zeigarnik 1927: "Über das Behalten erledigter und unerledigter Handlungen". *Psychologische Forschung 9*, 1–85.

- Zeigarnik, B. (1938). On finished and unfinished tasks. In D. Ellis (Ed.), *A source book of Gestalt Psychology* (pp. 300–314). New York: Harcourt. Brace & World.

- Rachlin, H., & Green, L. (1972). Commitment, choice and self-control 1. *Journal of the Experimental analysis of Behavior, 17*(1), 15–22.

- Wilson, T. D., Reinhard, D. A., Westgate, E. C., Gilbert, D. T., Ellerbeck, N., Hahn, C., Brown, C. L., & Shaked, A. (2014). Just think: The challenges of the disengaged mind. *Science, 345*(6192), 75–77.

- Sundberg, N. D., Latkin, C. A., Farmer, R. F., & Saoud, J. (1991). Boredom in young adults gender and cultural comparisons. *Journal of Cross–Cultural Psychology, 22*(2), 209–223.

- Danckert, J. A., & Allman, A. A. (2005). Time flies when you're having fun: Temporal estimation and the experience of boredom. *Brain and Cognition, 59*, 236–245.

- Witowska, J., Schmidt, S., & Wittmann, M. (2020). What happens while waiting? How self-regulation affects boredom and subjective time during a real waiting situation. *Acta Psychologica, 205*, 103061.

8장

- Csikszentmihalyi, M. (1997). *Finding flow: The psychology of engagement with everyday life.* Basic Books.
- Griffiths, M. D. (2007). Gambling psychology: Motivation, emotion and control. *Casino & Gaming International, 3*(4), 71-76.
- Ferster, C. B., & Skinner, B. F. (1957). *Schedules of reinforcement.* New York: Appleton-Century-Crofts.
- McCoy, A. N., & Platt, M. L. (2005). Risk-sensitive neurons in macaque posterior cingulate cortex. *Nature neuroscience, 8*(9), 1220-1227.
- 김세건(2008). 베팅하는 한국사회: 강원랜드에 비낀 도박공화국의 그늘. 지식산업사.

주식 투자에 대한 지각심리학적 이해

차트의 유혹

제1판 1쇄 발행 | 2022년 1월 3일
제1판 4쇄 발행 | 2023년 4월 28일

지은이 | 오성주
펴낸이 | 김수언
펴낸곳 | 한국경제신문 한경BP
책임편집 | 김종오
교정교열 | 김기남
저작권 | 백상아
홍보 | 이여진 · 박도현 징은수
마케팅 | 김규형 · 정우연
디자인 | 지소영
본문디자인 | 디자인 현

주소 | 서울특별시 중구 청파로 463
기획출판팀 | 02-3604-590, 584
영업마케팅팀 | 02-3604-595, 562   FAX | 02-3604-599
H | http://bp.hankyung.com   E | bp@hankyung.com
F | www.facebook.com/hankyungbp
등록 | 제 2-315(1967. 5. 15)

ISBN 978-89-475-4773-4   03320